U1069755

促进制造业高质量就业

范宪伟　盛思鑫　等◎著

中国计划出版社
·北　京·

版权所有　侵权必究
本书封底贴有中国计划出版社专用防伪标，否则为盗版书。
请读者注意鉴别、监督！
侵权举报电话：（010）68020336
如有印装质量问题，请寄本社出版部调换。电话：（010）63906420

图书在版编目（CIP）数据
促进制造业高质量就业 / 范宪伟等著. -- 北京 ：
中国计划出版社，2025. 3. -- ISBN 978-7-5182-1764-9
Ⅰ. F426.4
中国国家版本馆CIP数据核字第2025H37G20号

促进制造业高质量就业
CUJIN ZHIZAOYE GAOZHILIANG JIUYE

策划编辑：李　陵
责任编辑：康媛媛
责任印制：李　晨

中国计划出版社出版发行
网址：www. jhpress. com
地址：北京市西城区木樨地北里甲11号国宏大厦C座4层
邮政编码：100038　电话：（010）63906433（发行部）
北京厚诚则铭印刷科技有限公司印刷

170mm×240mm　1/16　12.75印张　169千字
2025年3月第1版　2025年3月第1次印刷

定价：60.00元

前言

就业是最基本的民生，事关人民群众切身利益，事关经济社会健康发展，事关国家长治久安。党的十八大以来，党中央坚持把就业工作摆在治国理政的突出位置，强化就业优先政策，健全就业促进机制，就业大局总体保持稳定，为民生改善和经济发展提供了重要支撑。党的二十大报告提出，强化就业优先政策，健全就业促进机制，促进高质量充分就业。党的二十届三中全会审议通过的《中共中央关于进一步全面深化改革、推进中国式现代化的决定》对完善就业优先政策作出一系列新部署。

制造业是立国之本、强国之基，也是吸纳就业的重要载体，具有较强的稳就业促就业能力。长期以来，我国制造业快速发展，直接或间接创造了很多就业岗位，吸纳了大量农业转移人口，发挥了拉动就业主力军的作用。但近年来，我国制造业就业总量和占比持续“双下降”，稳定制造业就业压力变大。2023年4月14日，国务院常务会议明确提出，稳定制造业、外贸企业等就业规模。

本书以制造业高质量就业为研究视角，界定了制造业高质量就业的概念内涵，系统梳理了制造业高质量就业的现状特征，分析了制造业就业质量不高的原因，测算了未来一段时期制造业就业规模、产业转移对制造业就业的影响等，提出了促进制造业高质量就业的思路、路径和具体举措，并对制造业就业的质量评价、分区域分行业就业带动效应、与先行工业化国家对比、技术进步影响等进行了专题研究，对2023年制造业就业的新情况新问题进行了专门调研和案例研究。

本书共分为三篇，第一篇为总论，全面系统地梳理和总结了制造业高质量就业的理论逻辑、现实基础和思路建议，明确制造业高质量就业具有更稳定的岗位供给、更良好的就业结构、更体面的劳动收入、更完善的社会保障、更公平的就业环境等“五个更”特征，当前我国制造业就业质量呈现“一降三不高”特征，这是供需双侧、短中长期因素等交叉综合作用的结果，建议坚持供需双侧发力、长短期分类施策，正确处理就业政策和产业政策、就业数量和就业质量、技术创新和岗位创造的关系，实施援企稳岗拓岗“四大任务”、就业技能提升“两大行动”、就业质量提升“五大举措”。

第二篇为分论，从制造业高质量就业评价、制造业分区域分行业就业带动效应、与先行工业化国家制造业就业对比、稳定制造业就业的要素条件、技术进步对制造业就业影响、先行工业化国家促进制造业高质量就业的经验等方面，全面系统研究了制造业高质量就业现状评估、区域行业情况、影响因素、国际经验等，从就业、工资、劳动者和工作时间等四个维度构建了制造业就业质量评价指标体系，分区域分行业测算了制造业就业的带动效应，与先行工业化国家制造业就业情况进行长时间序列的对比分析，实证验证了技术进步对制造业就业的“替代效应”和“创造效应”。

第三篇为实践，结合实地调研和深度访谈，通过两篇调研报告揭示了2023年制造业就业的新情况新问题。本篇分析了制造业典型行业（电子信息制造业）就业“增长之谜”，深入分析2023年制造业就业的新情况新问题，制造业就业呈现“招工少”“工时减”“工价降”特征，“普工用工少”“技工招不到”成为制造业用工新的结构性矛盾。

本书是在国家发展改革委宏观经济研究院2023年重点课题《促进制造业高质量就业的路径分析》的基础上修改而成。课题启动后，由国家发展改革委社会发展研究所牵头，联合国家发展改革委宏观经济研究院、国家发展改革委产业经济与技术经济研究所等研究人员组成课题组，举行多次座谈会和讨论会，并根据相关专家意见进行了多次修改完善。课题研究成果及时报送了国家发展改革委及中办、国办、中财办等部门，部分研究成果在《经济日报》《宏观经济研究》《宏观经济管理》《特区实践与理论》等公开刊物发表文章十余篇，实现了课题成果的及时转化。

本书写作过程中，范宪伟、盛思鑫负责总体思路拟订、研究框架设计和总论部分主执笔，具体章节执笔人分别为：第一章，范宪伟、盛思鑫、马玥；第二章，王阳；第三章，赵玉峰；第四章，李琦；第五章，孔伟艳；第六章，赵一凡；第七章，魏义方；第八章，任继球；第九章，范宪伟、赵玉峰、赵一凡。全书由范宪伟、盛思鑫统稿。

本书得到了国家发展改革委就业收入分配和消费司的指导和支持，中国计划出版社编辑康媛媛、朱冰在本书编辑出版的各环节都付出了辛勤的劳动，在此表示由衷的感谢。由于课题研究时间紧、任务重，本书不妥之处恳请业界同仁不吝赐教。

作者

二〇二四年七月

目录

总论篇

分论篇

实践篇

总论篇

第一章　制造业高质量就业的理论逻辑、现实基础与思路建议

内容提要：制造业是吸纳就业的重要领域，具有较强的稳就业、促就业能力。基于制造业高质量就业“五个更”的分析框架，作者研究发现，当前我国制造业就业质量呈现就业总量和占比持续下降、工资待遇和服务保障水平不高、技能人才占比和就业技能水平不高、就业环境满意度不高等“一降三不高”特征。从原因看，这些特征既由需求侧制造业发展阶段所决定，也受制于就业市场人才供需错配，又与制造业海外转移和新技术应用等因素的冲击有关，还受制造业职业的社会吸引力不高的影响，是供需双侧、短中长期因素等交叉综合作用的结果。促进制造业高质量就业，要深入实施就业优先战略，坚持以稳定制造业就业为基础，以高质量充分就业为目标，供需双侧发力、长短期分类施策，准确把握就业政策与产业政策、就业数量和就业质量、技术创新与岗位创造的关系，深入实施制造业援企稳岗拓岗“四大任务”、就业技能提升“两大行动”、就业质量提升“五大举措”、推进高质量就业“三个试点”。

就业是最大的民生。党的二十大报告提出，“强化就业优先政策，健全就业促进机制，促进高质量充分就业”。制造业作为吸纳就业的重要领域，是稳就业、促就业的主力军。当前，我国就业形势复杂严峻，制造业高质量发展受到多方面因素的掣肘，对就业的

贡献尚未达到预期效果。要破解结构性就业矛盾、优化就业结构、稳定就业大局，必须加快促进制造业高质量就业。厘清制造业高质量就业的内涵，分析制造业就业现状及深层次原因，探讨先行工业化国家制造业高质量就业的一般规律，提出促进制造业高质量就业的思路和对策建议，具有重大的现实意义和深远的历史意义。

一、全面准确系统理解制造业高质量就业

全面准确系统理解制造业高质量就业的内涵，既要立足于制造业发展的历史阶段，也要结合国家对高质量充分就业的要求，从就业质量和就业数量相统一的三个视角展开。

（一）制造业高质量就业首先是制造业高质量发展基础上的就业

制造业高质量发展是制造业高质量就业的根本保证。在一定的技术水平下，制造业量的增长能够带来就业的增加。产业结构升级、劳动生产率提升能够提高企业利润率，为企业提高劳动报酬和服务保障水平以及改善工作环境提供物质基础，能够创造更多高质量就业岗位。

制造业高质量发展能够提供更多就业岗位。制造业高质量发展最重要的一个特征是通过提升劳动生产率和综合竞争力实现制造业量的增长（黄群慧，2022；史丹 等，2019）。凯恩斯就业理论指出，有效需求的增加能够刺激企业扩大生产，从而增加就业岗位。在一定的技术水平下，制造业量的增长能够带动更多就业增长。长期以来，我国制造业的快速发展，直接或间接创造大量就业岗位。李天健等人（2019）研究指出，当前科技创新对全要素生产率的贡

献逐渐弱化，劳动投入的贡献在增加，未来一段时期科技创新的经济增长贡献率有可能进一步下降[1]。因此，必须加快推动制造业高质量发展，特别是促进制造业量的提升，使制造业提供更多就业岗位。

制造业高质量发展能够提高就业质量。作为经济高质量发展的重要内容，制造业高质量发展是指在新发展理念指导下，制造业的生产制造销售全过程实现生产要素投入低、资源配置效率高、品质提升实力强、生态环境质量优、经济社会效益好的高水平可持续发展（汪芳 等，2022）。在制造业高质量发展过程中，以简单加工、重复性劳动为基础的传统制造业必然要向以高端化、智能化、绿色化为标志的先进制造业转型，转型升级能够提高全要素生产率和企业利润率，为制造业劳动者提高收入和社会保障水平、改善工作环境等奠定物质基础。同时，智能制造、绿色制造、服务型制造等新业态新模式的出现，会创造出大量技术技能型高质量就业岗位，重塑制造业技术工人就业环境，吸引更多劳动者进入制造业就业。

（二）制造业高质量就业必须是充分就业基础上的“体面劳动”的就业

充分就业是现代国家宏观经济政策追求的四大目标之一，高质量充分就业是当前我国就业工作的总目标，制造业高质量就业是实现高质量充分就业这一就业政策总目标的重要保障。促进制造业高

[1] 李天健等人（2019 年）研究指出，新一轮科技创新和产业革命没有出现引领全局的新技术新产业，目前新经济以替代效应为主，进一步拉低了对生产率的正向作用。当前，新产业革命提升生产率具有不同以往的新方式，很大程度上是对现有技术的集成运用和商业模式创新，是主要由需求侧引发的产业革命。

质量就业的前提是实现充分就业，关键是提高就业质量。提高制造业就业质量就是在劳动者知识结构、技能水平、劳动意愿的既定条件下，实现有尊严有奔头有保障的体面就业。

制造业高质量就业的前提是制造业充分就业。凯恩斯就业理论认为，充分就业是在一定的市场工资水平下，愿意就业的劳动者都能够就业的状况。实现充分就业是高质量就业的前提，如果社会没有实现充分就业，那么很难保证劳动者有高质量的就业（赖德胜，2022）。长期以来，制造业在增加就业总量和改善就业结构方面发挥着积极作用，不仅是我国城镇化进程中吸收就业的关键，也是保持就业大局总体稳定和创造更多就业新增长点的基础。进入高质量发展阶段，随着制造业不断转型升级，尤其是劳动力总量增速放缓、成本快速上升，服务业吸纳就业能力将会增强，制造业就业吸纳能力不可避免地会下降。在当前严峻的就业形势下，作为吸纳就业的重要领域，保持就业稳定、促进充分就业，是时代赋予制造业的历史使命，是确保制造业高质量就业的基本前提。要推动制造业高质量就业，必须稳定制造业就业规模，在推动实现充分就业的基础上，改善劳动者就业环境和待遇，提高劳动者素质能力。

制造业高质量就业是“体面劳动”的就业。1999年，国际劳工组织总干事在第87届国际劳动大会上首次提出“体面劳动”的概念，即“劳动者在自由、平等、保证安全和个人尊严的前提下，获得体面、高效的工作机会”。经过多年发展，“体面劳动”有了更加丰富和深刻的内涵，主要包括四个维度，即就业促进、劳动权益和劳动标准、社会保护，以及社会对话（刘盾 等，2021）。国际劳工组织对“体面劳动”的界定，明确将就业数量和就业质量共同涵盖进来，强调了就业数量与就业质量互为条件、互为因果、辩证统一。高质量就业应当是同时满足用人方和劳动者需求的所有就业特征的组合（Bescond D et al.，2016）。推动制造业高质量就业，是在推动制造业充分就业的基础上，为劳动者提供更多的体面工作，改善劳动者工作环境，提高劳动收入，加强劳动者权益保障，能够更好让广大制造业劳动者实现体面劳动。

（三）制造业高质量就业关键是将提高就业质量和促进充分就业相统一

推动高质量就业要坚持就业质量和就业数量相统一。对于吸纳就业的重要领域制造业来说，在当前严峻的就业形势下，保持一定规模的就业数量是制造业高质量就业的基础，是确保高质量就业的根本。同时，高质量充分就业作为就业的整体目标，是各行业之间的一种动态平衡，制造业高质量就业在促进这种动态平衡中扮演重要角色，推动实现高质量充分就业也要求制造业必须高质量就业[1]。

从就业数量来看，当前的重要任务是保持制造业就业稳定。就业数量是指处于就业状态的劳动者人数，是衡量充分就业的一个重要指标。充分就业是指凡有就业需求的劳动者都能够获得就业岗位。改革开放以来，我国制造业的快速发展，直接或间接地创造了大量就业岗位，吸纳了大量农业转移人口，发挥了拉动就业主力军的作用。在“保持制造业比重基本稳定”和当前严峻的就业形势

[1]　党的十八大以来，我国就业工作目标经历了从“社会就业更加充分”向“更高质量和更充分就业”再向“高质量充分就业”的转变。就业工作目标从“社会就业更加充分”转向“更高质量和更充分就业”，强调就业工作不仅仅要关注就业数量，也要关注就业质量，推动就业工作要坚持就业质量和就业数量相统一。从“更高质量和更充分就业”转向“高质量充分就业”，将就业质量和就业数量的关系，由并列关系转为一体关系，体现了“高质量”与“充分”作为就业优先战略的目标缺一不可、不可分割（蔡昉，2022）。

下，作为特定行业的制造业高质量就业本身就蕴含着较强的就业吸纳能力和就业吸引力，保持一定规模的就业数量是制造业高质量就业的基础。如果制造业就业数量持续减少，就业吸纳能力不断降低，就不能说是高质量的就业。

从就业质量来看，必须通过提高就业质量来稳定制造业就业。就业质量反映劳动者与生产资料结合的状况，包括工作性质（此处指是否为自由、自愿的选择就业）、聘用条件、工资水平、工作稳定性、工作环境、社会保险和劳动关系等主要内容。就业质量不仅关系到劳动者的权益保护，其优劣还会直接影响就业数量。从提高就业质量的角度看，其要求随着经济社会发展、劳动生产率提高以及科技进步，劳动者的劳动报酬水平、社会保障水平不断提高，职业安全等工作条件不断改善，就业的稳定性得以保持，劳动者的权益得到保护，劳动关系更加和谐稳定（赖德胜，2022）。近年来，我国制造业就业总量和占比持续下降的一个重要原因是就业质量不高，社会各界对制造业就业的职业认可度不高，青年劳动者不愿进入。必须通过提高就业质量的方式，增强制造业就业吸引力，稳定制造业就业。

（四）制造业高质量就业的内涵特征及评价指标

制造业高质量就业是制造业高质量发展基础上的就业，是充分就业基础上的“体面劳动”的就业，是高质量充分就业的具体体现和内在要求，是就业数量和就业质量的有机统一。在就业数量方面，体现为稳定就业吸纳能力、促进更加充分就业、保持制造业就业总量和占比在合理水平。在就业质量方面，体现为改善工作环境、提高劳动报酬水平和工作稳定性、强化劳动权益保障、增强职业认可度。促进制造业高质量就业，是破解结构性就业矛盾、优化就业结构、稳定就业大局的重要举措，对于回应广大产业工人对美好生活的期待、壮大中等收入群体、扎实推进共同富裕等具有重要意义。具体来说，制造业高质量就业呈现以下“五个更”的特征，评价制造业高质量就业可从这五方面考虑。

一是更稳定的岗位供给，即在技术水平相对稳定的条件下，制造业提供的就业岗位相对稳定，通过创造更多高质量的就业岗位，促进劳动者就业更加充分，工作稳定性提高。可用制造业就业数量及其占总就业数量的比重、制造业失业人数占城镇失业人数的比重等指标表征。

二是更良好的就业结构，即制造业高技能劳动者数量增加，劳动者素质结构朝着高学历、高技能方向升级，劳动者队伍更具活力、生产性和创新性，劳动者就业能力与经济社会发展的需求匹配度不断提高。可用制造业大专及以上学历人口占比、技能人才占制造业就业总量的比重、制造业16~34岁就业人口占比等指标表征。

三是更体面的劳动收入，即劳动者通过就业能够获得公平、合理和稳步增长的劳动报酬，并且所获报酬能有效改善其家庭生活，体现劳动者自身的社会价值。可用制造业就业人员平均工资水平、制造业工资平均增长率等指标表征。

四是更完善的社会保障，即劳动者职业安全增强，各项社会保障制度人群覆盖面不断扩展，能较好保障劳动者的安全和权益。可用职业病报告病例数、劳动争议案件数量等指标表征。

五是更公平的就业环境，即劳动者的工作条件不断改善，用工环境日益规范，工作时间安排合法、合理，劳动者的工作和生活可以平衡，拥有必要的休息时间，劳动者对技能就业、技能成才的认可度较高，制造业产业工人社会地位与其他劳动者一致。可用周平均工作时间、制造业就业满意度等指标表征。

对制造业就业质量进行评价，既要结合制造业以正规就业为主的岗位特点和用工形式，又要考虑劳动者的迫切需要和切身感受，更要运用政策工具加以调整和改善。采用一个或几个指标不足以全面准确分析和评价制造业就业质量，需要建立一个分析评价指标体系，即相互联系的统计指标所组成的有机体。结合制造业高质量就业的特征，考虑数据的可获得性，初步构建了制造业就业质量评价体系（见表1-1）。

表1-1　制造业就业质量评价维度和评价指标体系

<table>
<tr><th>一级维度</th><th>二级维度</th><th>指标名称</th></tr>
<tr><td rowspan="2">岗位供给</td><td>就业机会</td><td>新增制造业就业人数</td></tr>
<tr><td>就业稳定性</td><td>城镇失业人员中制造业失业人员占比</td></tr>
<tr><td rowspan="2">劳动报酬</td><td>工资竞争力</td><td>制造业就业人员平均工资与全体就业人员平均工资的比值</td></tr>
<tr><td>工资差距</td><td>制造业平均工资增长率与制造业增加值增长率的比值</td></tr>
<tr><td rowspan="3">就业结构</td><td rowspan="2">劳动者素质结构</td><td>制造业就业人员中大专及以上学历人员占比</td></tr>
<tr><td>制造业就业人员中技能人才占比</td></tr>
<tr><td>劳动者年龄结构</td><td>制造业全部就业人员中16~34岁人员占比</td></tr>
<tr><td rowspan="3">就业环境</td><td>工作时间</td><td>制造业就业人员中周工作时间在48小时以上人员占比</td></tr>
<tr><td>工作和生活平衡</td><td>制造业就业人员周平均工作时间与城镇职工周平均工作时间的比值</td></tr>
<tr><td>职业认可度</td><td>制造业就业满意度</td></tr>
<tr><td rowspan="2">社会保障</td><td>职业健康</td><td>职业病报告病例数</td></tr>
<tr><td>和谐劳动关系</td><td>劳动争议案件数量</td></tr>
</table>

二、制造业就业质量呈现“一降三不高”的特征

近年来，作为吸纳就业的重要领域，我国制造业就业质量持续提高，就业总量仍较为庞大，劳动者素质和技能水平不断提高，工作稳定性依旧较强，工作生活环境逐渐改善，劳动者收入和服务保障水平稳步提升。但与制造业高质量发展的要求相比，与高质量充分就业的战略目标相比，与制造业高质量就业的“五个更”内涵特征相比，我国制造业就业质量呈现“一降三不高”的特征。

（一）就业总量和占比持续下降

就业总量和占比“过早下降”。一是制造业就业总量持续下降。从规模以上制造业企业就业人数来看，2014—2022年，规模以上制造业企业就业人数由8849.9万人降至6931.9万人，8年累计减少1918万人，年均减少约240万人（见图1-1）。从全国经济普查数据来看，2013—2018年，我国制造业就业人数从13452.7万人下降至12108.7万人，减少1300多万人。分区域看，东北地区降幅最大，从2014年的518.11万人降至2021年的255.34万人，降幅达50.7%；东部地区就业人数下降最多，从2014年的5374.83万人降至4450.51万人，减少了924.32万人。二是制造业就业占比也持续下降。随着制造业就业总量的下降，制造业就业人数占全部就业人数的比重也持续下降。2014—2021年，我国规模以上制造业企业就业人数占总就业人数的比重从11.6%降至9.4%，下降了2.2个百分点。分区域看，吉林、黑龙江和山东减幅最大，分别为51%、44%和43%。三是制造业就业总量和占比下降的节点比先行工业化国家的要早。先行工业化国家制造业就业总量下降，往往发生在人均GDP（国

内生产总值）达到13000美元以后。相比之下，我国制造业就业总量和占比下降过早。2014年，我国制造业就业总量和占比下降时，人均GDP仅为7485美元，刚刚步入中等收入国家行列。

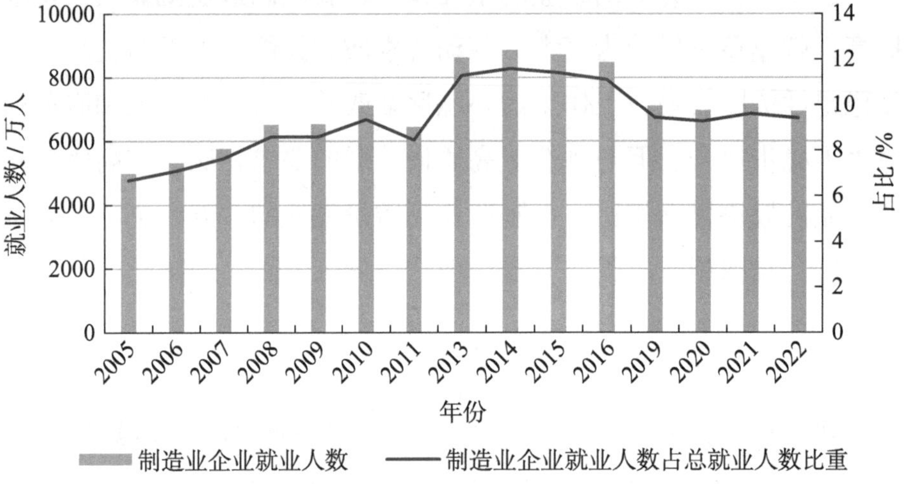

图1-1 2005—2022年我国规模以上制造业企业就业人数及其占比情况

注：2005—2020年数据来源于《中国工业统计年鉴》（2006—2022年），2022年数据来源于《中国统计年鉴》（2023年），2012年、2017年和2018年统计数据缺失。

不同行业就业人数呈现普遍性非均衡下降。一是劳动密集型行业就业人数呈断崖式下跌。以工艺品及其他制造业、纺织业和纺织服装、鞋、帽制造业等为代表的劳动密集型行业下降幅度最大，也是最早下降的行业（见图1-2）。2010—2021年，工艺品及其他制造业平均用工人数由140.43万人降至36.09万人，降幅达74.3%；纺织业平均用工人数由2010年的647.32万人降至2021年的280.3万人，减少367.02万人，在所有行业中减幅最大。二是部分资本密集型行业就业人数由增加转向减少（见表1-2）。2010—2015年，电气机械及器材制造业、化学纤维制造业、专用设备制造业等行业平均用工人数分别增加25.57万、2.72万和19.9万人，但2015—2021

年，三个行业就业人数则分别下降44.79万、3.09万和17.34万人。三是少数技术密集型行业就业顶板效应渐显。通信设备、计算机及其他电子设备制造业平均用工人数从2010年的772.75万人上升至2021年的967.3万人，增幅高达25.18%，但较2015年仅增长6.38%，就业容量基本达到极限。

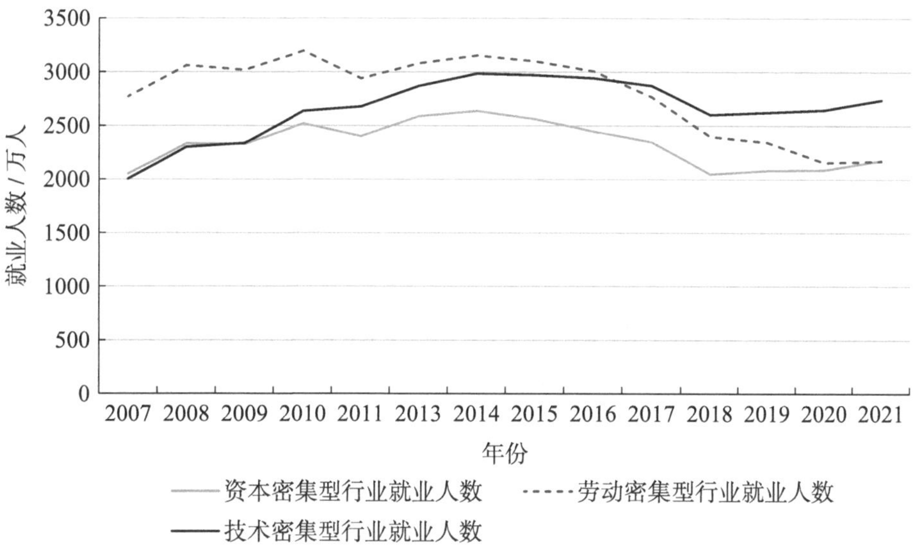

图1-2　2007—2021年我国制造业分类型就业人数变动情况[1]

未来稳定制造业就业人数面临较大压力。近年来，我国制造业就业创造能力呈下降趋势。基于2012年、2017年和2020年投入产出表，利用投入产出模型，作者测算了制造业各行业就业创造系数，结果显示，2012—2020年，制造业各行业单位产出就业创造系数均呈下降趋势，其中，纺织服装、服饰制造业单位产出就业创造系数降幅最大，从0.0374降至0.0168，降幅达55.08%。未来，随着“机

[1]　劳动密集型、资本密集型和技术密集型行业分类参照赵瑆等人（2012）的研究。

表 1-2　2010 年、2015 年和 2021 年我国规模以上制造业企业平均用工变动情况

行业	2010 年 / 万人	2015 年 / 万人	2021 年 / 万人	2021 年比 2010 年减少人数 / 万人	2021 年比 2010 年减少幅度 /%
农副食品加工业	369.01	424.75	274.52	94.49	25.61
食品制造业	175.88	212.05	177.57	−1.69	−0.96
酒、饮料和精制茶制造业	130.02	166.82	112.66	17.36	13.35
烟草制品业	21.1	20.89	15.87	5.23	24.79
纺织业	647.32	464.45	280.3	367.02	56.70
纺织服装、服饰制造业	447	449.49	256.5	190.5	42.62
皮革、毛皮、羽毛（绒）及其制品业	276.37	293.94	179.72	96.65	34.97
木材加工及木、竹、藤、棕、草制品业	142.29	140.78	96.17	46.12	32.41
家具制造业	111.73	120.08	111.78	−0.05	−0.04
造纸及纸制品业	157.91	134.95	100	57.91	36.67
印刷业和记录媒介的复制业	85.06	98.07	88.29	−3.23	−3.80
文教体育用品制造业	128.11	234.49	176.02	−47.91	−37.40
石油加工、炼焦及核燃料加工业	92.15	93.29	78.63	13.52	14.67
化学原料及化学制品制造业	474.14	492.03	345.06	129.08	27.22
医药制造业	173.17	230.48	211.7	−38.53	−22.25
化学纤维制造业	43.93	46.65	43.56	0.37	0.84

续表

行业	2010 年 / 万人	2015 年 / 万人	2021 年 / 万人	2021 年比 2010 年减少人数 / 万人	2021 年比 2010 年减少幅度 /%
橡胶和塑料制品业	386.23	339.68	297.47	88.76	22.98
非金属矿物制品业	544.61	589.86	477.22	67.39	12.37
黑色金属冶炼及压延加工业	345.63	364.9	211.66	133.97	38.76
有色金属冶炼及压延加工业	191.59	202.42	162.52	29.07	15.17
金属制品业	344.64	397.51	383.46	−38.82	−11.26
通用设备制造业	539.38	471.28	425.9	113.48	21.04
专用设备制造业	334.22	354.12	336.78	−2.56	−0.77
交通运输设备制造业	573.72	662.54	587.55	−13.83	−2.41
电气机械及器材制造业	604.3	629.87	585.08	19.22	3.18
通信设备、计算机及其他电子设备制造业	772.75	909.26	967.3	−194.55	−25.18
仪器仪表及文化、办公用机械制造业	124.86	105.23	97.16	27.7	22.18
工艺品及其他制造业	140.43	42.75	36.09	104.34	74.30

数据来源：《中国统计年鉴》。

器换人”等新技术大量应用，叠加制造业转移海外导致的就业“转移效应”和青年劳动力进入意愿低导致的就业“规避效应”渐显，制造业就业人数将呈现继续下降的态势。基于投入产出模型，利用2012年、2017年和2020年投入产出表，测算结果显示（见表1–3），中情景下，2025年制造业就业人数为6382.6万人，2030年制造业就业人数将为5968.4万人，此后制造业就业人数将保持稳定。2031—2035年，制造业就业人数将在5900万~6000万人之间波动。

表1–3　不同情景下制造业就业人数预测结果

单位：万人

年份	中情景	低情景	高情景	年份	中情景	低情景	高情景
2021	6799.7	6669.9	6929.4	2029	6051.1	5090.8	7169.4
2022	6686.4	6433.7	6943.9	2030	5968.4	4926.0	7205.4
2023	6579.3	6210.0	6962.9	2031	5971.6	4883.8	7198.7
2024	6478.1	5998.2	6986.3	2032	5995.4	4858.2	7138.7
2025	6382.6	5797.3	7014.2	2033	5974.9	4889.8	7172.5
2026	6292.4	5606.8	7046.5	2034	5980.3	4801.8	7158.9
2027	6207.2	5425.9	7083.1	2035	5901.9	4774.8	7157.5
2028	6126.9	5254.1	7124.1				

（二）工资待遇和服务保障水平不高

制造业就业人员平均工资相对较低。目前，多数制造业企业工资收入并不具有竞争力，部分企业并未落实技能工人薪酬的相关政策，一些企业没有建立完善的考核、激励、晋升机制，相关劳动人事等政策在技能人才资格认定以及相应待遇保障等方面也尚不完善，甚至一些制造业企业将最低工资制度作为员工的工资参照。2022年，我国规模以上制造业企业就业人员年平均工资为86933

元，低于全国平均水平（92492元）5559元，远低于批发和零售业的97679元，仅为平均工资最高的信息传输、软件和信息技术服务业（213089元）的40.8%（见图1-3）。从增速来看，2013—2022年，规模以上制造业企业就业人员年平均工资增加44022元，增幅低于全国各行业增加的平均水平（46816元），远低于信息传输、软件和信息技术服务业120045元的增幅。与先行工业化国家比较，我国制造业就业人员工资水平仍较低。2021年，我国制造业就业人员月平均工资仅为1068美元，分别为美国、德国、法国、日本等国家的20.7%、17.4%、19%和27.3%（见图1-4）。

图1-3 2013年和2022年我国分行业就业人员平均工资情况

数据来源：国家统计局网站（http://www.stats.gov.cn）。

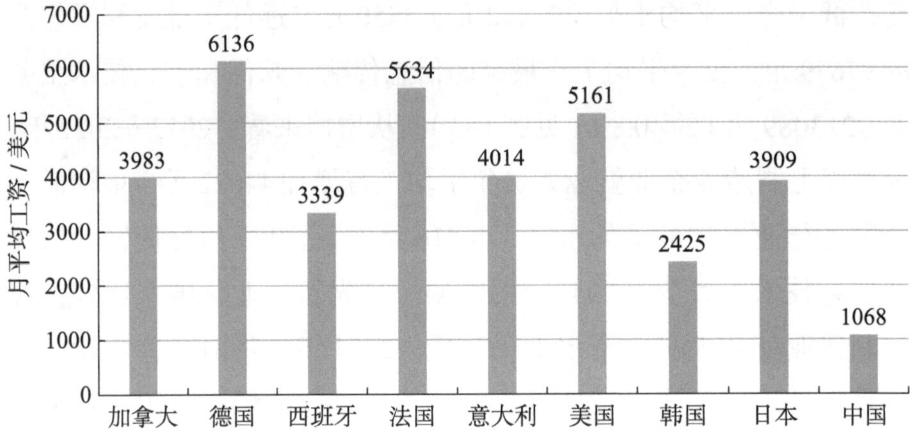

图1-4　2021年我国与先行工业化国家制造业就业人员月平均工资对比

资料来源：国际劳工组织网站（https://ilostat.ilo.org/data）。

公共服务保障水平有待提升。我国制造业就业人员尤其是一线普通员工多为外来务工农民工。《2022年农民工监测调查报告》显示，2022年，我国从事制造业的农民工数量约为8100万人，占农民工总数的比重为27.4%。从享受居住地基本公共服务来看，外来务工农民工与本地户籍居民存在着有形无形的“双轨制”，即本地户籍居民享受到的基本公共服务，在标准和保障上普遍要优于外来务工农民工。2022年，浙江省义务教育中有约25万名随迁子女在民办或特定打工子弟学校就读。上海市常住非户籍人口持有《上海市居住证》积分需达到标准分值120分，其18周岁以下同住子女方可就地享受子女教育、社会保险、住房保障、基本公共卫生等服务。同时，一些产业园区或制造业聚集区产城融合程度不高，医疗、教育、住房、交通等公共服务设施短板突出，居民就学、就医不便，公共服务水平有待提高，钟摆式交通、潮汐式生活、远距离的上学和就医，严重影响制造业产业工人生活品质。

（三）技能人才占比和就业技能水平不高

技能人才总体供给不足、占比较低。近年来，我国制造业技能人才短缺呈现出常态化、扩散化趋势，企业缺工类型从高级技能人才短缺向技工、普工短缺扩散。截至2021年底，我国技能人才总量超过2亿人，技能人才占就业人员的比例约为26%，而美国、日本、德国等发达国家高技能人才占技能人才的比例超过40%。长期以来，劳动力市场供求数据显示，高技能人才求人倍率保持在2以上。相关测算表明，2025年新一代信息技术、高档数控机床和机器人、电力装备以及新材料等新型行业技能人才缺口分别达到950万人、450万人、909万人和400万人。人力资源社会保障部数据显示，当前制造业常态化缺工占比达到10%，部分职业长期处于全国最缺工100个职业排名中前10位。《制造业人才发展规划指南》显示，2025年，我国制造业10大重点领域人才总量将达到6200万人，缺口将接近3000万人，缺口率高达48%。

技能人才供给结构性矛盾突出。当前，我国技能人才呈现“金字塔”结构，具有行业引领能力的高技能人才缺乏，传统制造业领域技能人才相对过剩。随着我国制造业在全球产业链攀升速度逐步提升，高端化、绿色化、智能化趋势不断凸显，对于各类各层次各领域的高端技术人才的需求加大，传统制造业人才受技能结构限制又难以转岗到先进制造业，造成有些技能人才“有”但“用不上”的结构性矛盾。调查显示，在高技能人才缺口行业排名中，新一代信息技术、先进装备制造、新材料、汽车及交通运输装备等先进制造业技能人才缺口大，而食品、纺织、家用电器、日用品等传统制造业技能人才需求较小，甚至有些企业反映人才相对过剩。

劳动者技能水平不高。近年来，尽管我国制造业就业人员受教育水平有了一定的提高，制造业劳动者接受高等教育的比例由2002年的6.3%增至2021年的17.3%。但当前，我国制造业就业人员受教育程度仍以初中、高中为主。2021年，制造业就业人员中受教育程度为初中和高中的占比高达70.4%（见表1–4）。与美国、德国等先行工业化国家相比，我国制造业就业人员接受高等教育的比例还较低，目前美国制造业从业人员受过高等教育的比例约30%。根据国际劳工组织提供的数据，发达国家技工队伍的高中低技工结构比例应分别为35%、50%、15%。而我国高技能人才仅6000万人左右，约占就业人员总数的6.5%。

表1–4　重点年份我国制造业就业人员受教育程度构成情况

单位：%

受教育程度	2002年	2006年	2011年	2016年	2021年
未上过学	1.3	1.3	0.5	0.8	1.0
小学	14.4	15.1	10.6	10.0	11.3
初中	53.4	55.0	54.1	49.4	49.2
高中	24.7	21.0	23.3	22.2	21.2
大学专科及以上	6.3	7.6	11.5	17.6	17.3

数据来源：历年《中国工业统计年鉴》。

注：因四舍五入，表中部分数据加总不等于100%。全书同。

（四）就业环境满意度不高

工作时间长、自由度不高。2021年，我国城镇制造业就业人员周平均工作时间为50.6小时，较各行业周平均工作时间多3小时，较金融业多8小时。与国外相比，我国制造业就业人员周平均工作时间远高于美国、德国、英国、日本等先行工业化国家，周平均工作时间分别比美国、德国、英国、日本等国高10.6小时、14.1小时、11.1小时和11小时（见图1–5）。除工作时间长以外，制造业就业人员工作自由度不高，一些劳动密集型行业普遍实行流水线式机械作业、“两班倒”或“三班倒”等轮班式作息制度、“单休”或“不休”等工作模式，叠加职业认可度不高、就业环境相对较差等，导致把“宽松”“自由”作为求职重要标准的青年劳动者“不愿进厂”、纷纷“逃离制造业”，促使制造业从业人员大龄化特征明显。2002—2021年，我国50~59岁和60岁及以上制造业从业人员占比分别从7.2%和0.7%增至16.2%和3%，而16~24岁和25~49岁制造业从业人员占比则分别从15.4%、76.8%降至7.6%、73.1%（见表1-5）。

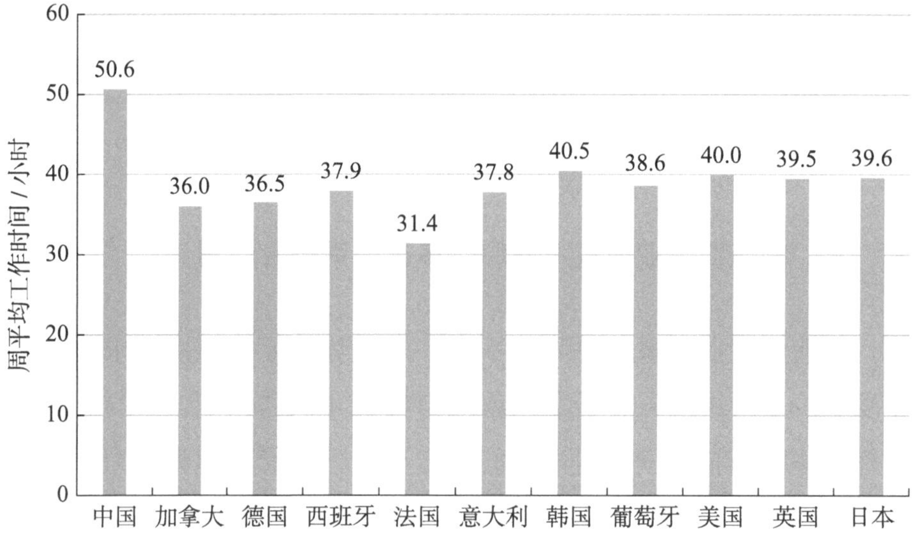

图1-5 2021年我国与先行工业化国家制造业就业人员周平均工作时间对比

数据来源：国际劳工组织网站，其中英国和日本数据分别为2019年和2020年。

表1-5 重点年份我国分年龄段制造业就业人员占比情况

单位：%

年龄	2002年	2006年	2011年	2016年	2021年
16~24岁	15.40	19.70	19.40	10.70	7.60
25~49岁	76.80	70.70	71.10	75.60	73.10
50~59岁	7.20	8.60	8.10	11.80	16.20
60岁及以上	0.70	1.10	1.40	1.90	3.00

数据来源：历年《中国工业统计年鉴》。

工作生活环境较差。相对于餐饮、住宿、外卖、快递等服务行业，制造业工作环境相对较差，一些岗位劳动强度较大、工作单调枯燥，一些企业生产车间空气浑浊、粉尘弥漫、噪声环绕、高温闷热、异味难闻等，甚至有些作业场景有毒有害，相对较差的工作环境难以吸引青年劳动者。同时，一些企业对员工住宿、餐饮等生活保障不高，住宿较拥挤、食堂伙食质量不高，宿舍无空调、无无线网络、无洗衣机等。《中国青年报》2021年调查显示，52.87%的受访者不选择工厂、车间等工作岗位的原因是工作生活环境差，45%的企业将一线蓝领工作条件或环境较差视为造成“招工难”的主要原因。

三、制造业就业质量不高源于多重因素综合作用

制造业就业质量“一降三不高”的趋势特征，既由需求侧制造业发展阶段所决定，也受制于就业市场人才供需错配，又与制造业海外转移和新技术应用等因素的冲击有关，还受职业吸引力不高的影响，是供需双侧、短中长期因素等交叉综合作用的结果。

（一）制造业高质量发展正处于“过坎爬坡”阶段

制造业比重过早过快下降影响就业吸纳能力。改革开放后相当长的一段时期，随着我国工业化进入快速推进阶段，我国制造业规模和就业人数持续增加。但自2011年以来，制造业比重持续下降，呈现过早过快下降倾向。2011—2020年，我国制造业增加值占比由32.06%降至26.18%，9年间下降近6个百分点（见图1-6）。制造业比重的快速下降对就业产生滞后性影响，在制造业比重下降后的第三年，制造业就业人数和占比均出现了下降趋势（杨伟民 等，

2018）。近年来，随着制造业比重的持续下降，制造业就业吸纳能力也逐渐降低，制造业用工人数和占比也呈现过快下降趋势（黄群慧 等，2022）。

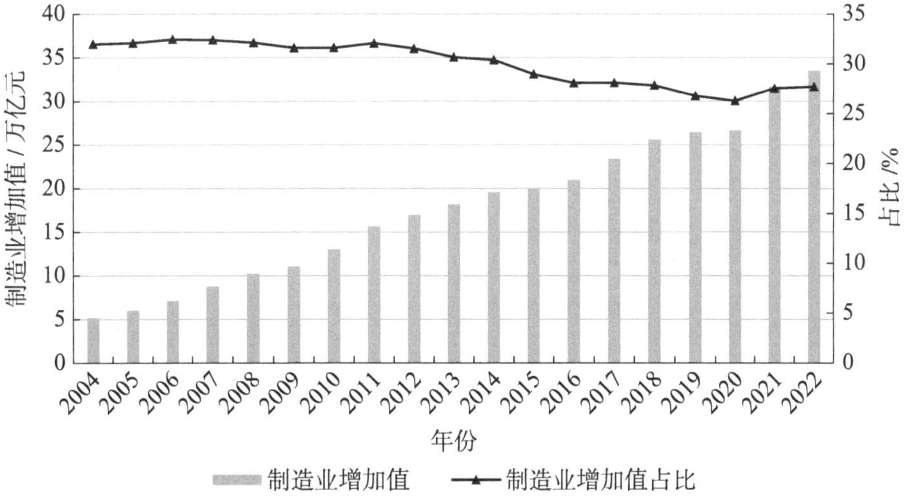

图1-6　2004—2022年我国制造业比重变动情况

数据来源：中经网数据库。

制造业劳动生产率和利润率难以支撑工资收入和服务保障的提高。当前，我国制造业劳动生产率和利润率较低。在劳动生产率方面，2021年我国制造业劳动生产率为34278美元/人，分别仅为美国的22.98%、日本的36.94%和德国的40.62%（见图1-7）。在利润率方面，2022年制造业实现利润总额64150.2亿元，下降13.4%；工信部数据显示，2019年我国制造业的平均利润率为2.59%，而世界500强的平均利润率为6.57%，500强之外的企业利润率也到了4.37%。我国制造业整体全要素生产率增长速度在2%~6%之间，年均增长3.83%，并不处于世界“最顶尖水准”。制造业较低的盈利水平和较低的劳动生产率难以支撑较高的工资报酬，没有更多动力和财力改善工作环境和生活服务环境（屈小博 等，2016）。

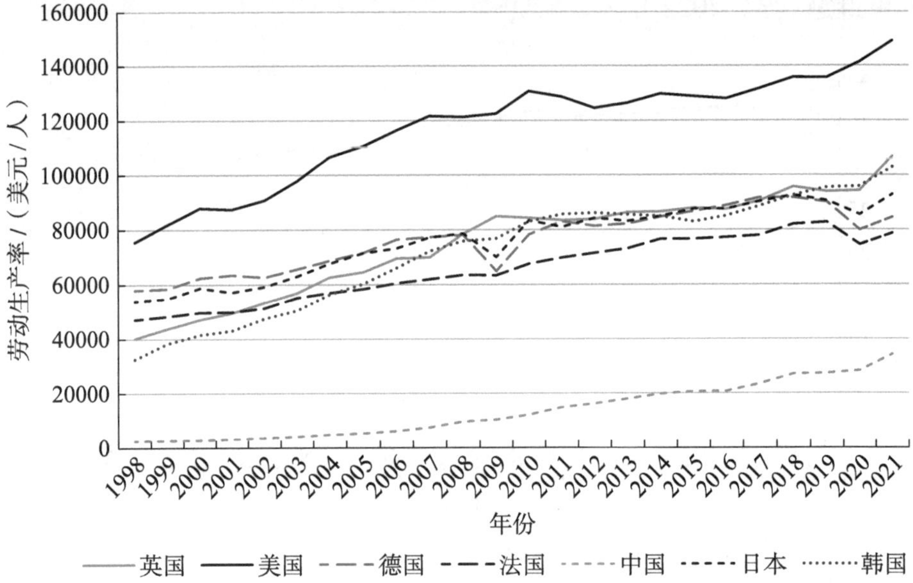

图1-7　1998年—2021年我国与先行工业化国家制造业劳动生产率对比

先进制造业不足难以创造更多高质量就业岗位。当前，我国高端先进制造业自主创新能力还不强，产业基础能力还较为薄弱，一些领域关键核心技术与高端装备对外依存度高，且屡遭“专利天花板”“技术封锁线”限制，企业技术水平和产品附加值不高，部分行业同质化现象严重，一些企业仍以加工、代工为主，缺乏拥有自主知识产权、具有国际竞争力的商标品牌，在国际产业分工中处于产业链、价值链低端，在一定程度上导致制造业创造了大量劳动生产率较低、技能水平不高、工作时间较长、劳动强度较大等较低质量的工作岗位，难以提供更多劳动生产率高、工作强度小、技能水平高的高质量就业岗位。同时，受海外短期订单、潮汐式订单越来越多的影响，一些企业生产的年度波动不断加大，相应地招工解雇越来越频繁，导致就业岗位稳定性差。

（二）人才供给与产业需求错配

职业院校“低端化”“边缘化”倾向严重。职业院校（含技工学校）是我国培养技能人才的最主要载体。近年来，受“重学历轻能力”“重知识轻技能”等影响，职业教育在投入、招生分数、就业机会、薪水待遇等方面长期“低人一等”，一些家长认为孩子上职业院校“没面子、没票子、没路子”，宁愿让孩子过高考的“独木桥”，也不愿让孩子读职业院校。我国中等职业院校“招不满”“吃不饱”“流失率高”情况越来越突出，2010—2022年，我国中等职业教育在校生人数从2231.8万人降至1339.29万人，招生人数占高中阶段招生人数的比例从50.94%降至33.85%（见图1-8）。同时，我国中等职业院校的学生毕业后工作的比率较低，越来越多的毕业生选择升学，在从高等院校毕业后，一些毕业生选择避开制造业而在其他行业就业。《深圳市2023年中等职业教育质量报告》显示，2022年深圳市中等职业学校毕业生升学率达89.49%。2023年，山东省中等职业学校学生升学深造比例已超70%。同时，因无法获得相应学历、毕业生同等待遇落实不彻底等原因，技工学校长期处于职业教育“鄙视链”最底端，无法享受与同等层次其他职业院校相同的资金和政策支持，招生困难、招生人数下滑、生源素质偏低等问题越来越突出。2010—2020年，我国技工学校毕业生人数由121.3万人降至104.9万人。

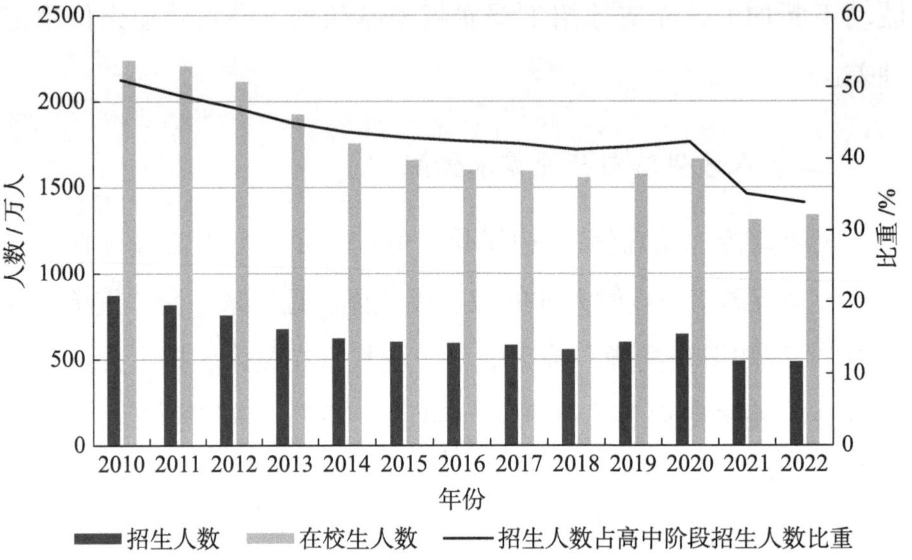

图1-8　2010—2022年我国中等职业教育招生和在校生情况

数据来源：2010—2021年数据来源于2011—2022年的《中国教育统计年鉴》，2022年数据来源于《2022年全国教育事业发展统计公报》。

高等教育理工科人才培养不充分。1999年以来，高等教育扩招中，文史类专业扩招数量远远大于理工类专业。1999—2020年，全国本科阶段中，理学和工学专业招生人数年均增速分别为4.64%、6.24%，而经济学和管理学专业招生总人数年均增速为8.63%、法学专业招生人数年均增速为7.47%；本科阶段中理工类毕业生人数的增长速度明显低于文史类，理工类毕业生占总毕业生比例由1999年的59.65%降至2020年的43.09%（见图1-9）。

技能人才“用不上”现象突出。当前的职业教育受体制机制等多种因素制约，技能人才培养供给侧和制造产业发展需求侧在专业、质量、技能、素养和创新上还不能完全适应，职业教育“双师型”教师比例不高、实训基地建设不足、产教“融而不合”“合而不深”、校企合作“校热企冷”，以及一些地方教育资源规划布局、人才培养层次和类型与产业布局、发展需求不相适应。职业教育与产业人才需求之间还存在着很多脱节问题，一些学校设置的专业重复率高、水平差异大、标准不一、课程体系不健全、同质化严重，人才培养和产业需求“两张皮”现象突出。同时，受“产教融而不合、校企合作不深不实”等影响，一些职业院校毕业生进入工厂并不能立即“上手”，需要一定的培养周期。调查显示，65%的企业反映一般新入职毕业生需3~4年才能成长为技能“熟手”。

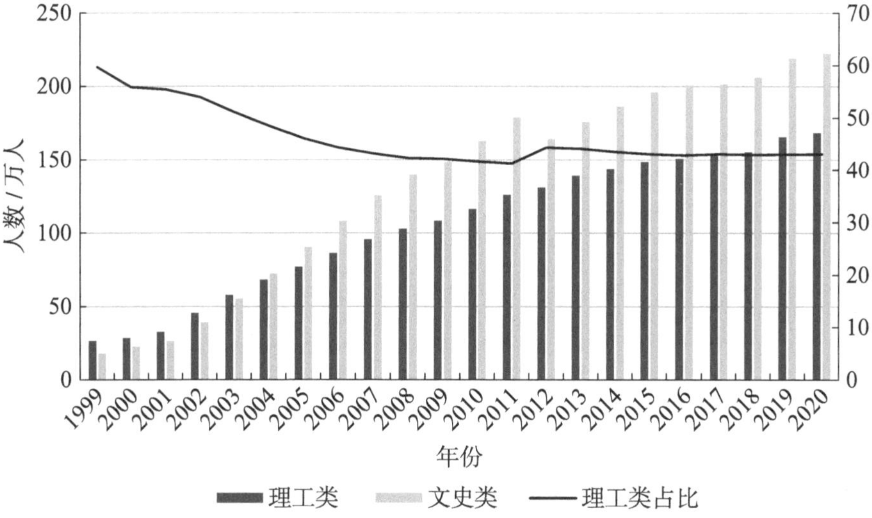

图1-9　1999—2020年我国本科阶段文理类毕业生情况

数据来源：《中国教育统计年鉴》（2000—2021年）。

（三）产业转移和新技术冲击叠加

制造业向海外转移导致就业“转移效应”加大。制造业向海外转移，在转移产能的同时也带走就业岗位，减少大量国内就业机会（李雨豪 等，2021）。朱克朋等人（2019）基于世界投入产出数据库研究发现，2009—2014年，我国制造业外移导致年均减少约0.1%就业岗位。卓贤等人（2019）研究发现，2010—2017

年，由我国回流至美国的企业达721家，为美国制造业增加2.8万人就业。基于全球多区域环境扩展的供需表与投入产出数据库（EXIOBASE3.0）[1]，利用投入产出法，测算结果显示，2000—2020年，我国制造业产业转移共直接转出工作岗位约2127万个（见图1-10）。随着美国及其盟友推行“制造业回流”“近岸生产”“友岸外包”，加快产业链“去中国化”，叠加我国制造业生产经营综合成本上升，一些跨国企业产能外迁趋势加快，部分国内企业被链主企业“裹挟”，部分生产环节甚至产业链整体被迫向外转移现象增多，一些国内就业机会将持续被“转移”，制造业就业“转移效应”仍将持续。

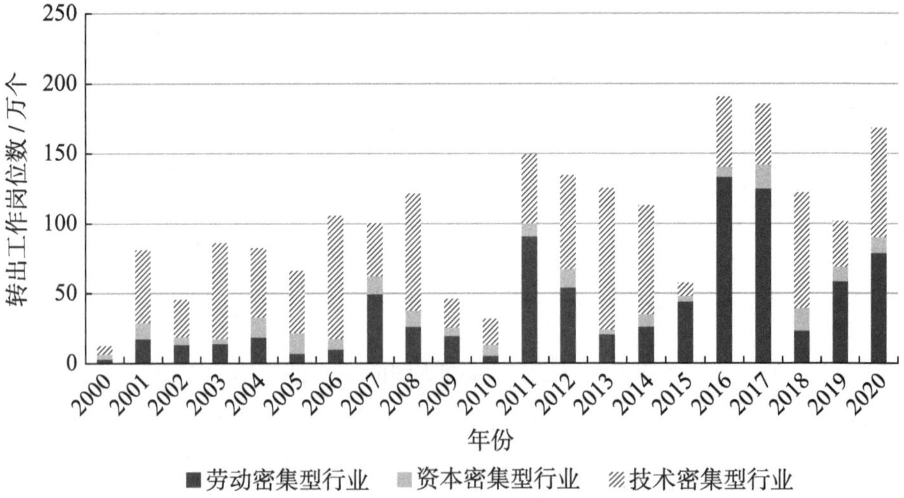

图1-10　2000—2020年我国制造业分类型就业岗位向海外转移情况

“机器换人”等新技术大量应用导致就业“替代效应”突出。新一轮科技革命和产业变革深入推进，对就业数量、结构、模式

[1]　该数据库不仅提供了1996—2021年45个国家或地区163个产业部门的国家间投入产出表，而且还提供了分年龄、分技能等级的就业人数。

等产生深远影响（马晓河，2021）。技术进步对就业同时存在着创造效应和替代效应（Acemoglu et al.，2018），机器大规模使用在一定程度上挤占缺乏相应技能禀赋的劳动力的同时，也会创造一些新的工作岗位（Autor et al.，2003）。从技术进步影响就业结构的角度来看，学界多认为制造业技术进步会增加高技能人才数量，降低低技能劳动者的数量（Acemoglu et al.，2011）。近年来，我国大力推动制造业企业技术改造，制造业加快向自动化智能化转型升级，以工业机器人为代表的自动化技术在制造业企业应用，创造了许多新领域和技工岗位，但也“消灭”了很多简单重复岗位，大量普工被替代。美国麻省理工学院和波士顿大学研究表明，美国制造业中每增加1个机器人，平均会取代3.3名工人。闫雪凌等人（2020）研究发现，工业机器人保有量每上升1%，就业岗位就减少约4.6%。2012—2021年，我国工业机器人年安装量由2.3万台增加至26.8万台，制造业万名员工机器人密度由23台/万人增加到322台/万人（见图1-11）。测算结果显示，2012—2021年，我国工业机器人累计替代475万劳动者[1]。目前，我国劳动力市场尚未对人工智能等新技术产生明显的适应性调整，而负向的就业冲击效果已经显现，随着人工智能技术的不断深化和广泛使用，这一替代效果将呈现加强趋势。

[1]　测算过程参考麦肯锡《失业与就业：自动化时代的劳动力转型》报告和闫雪凌等人（2020）研究成果，按照每台工业机器人替代4名劳动者进行测算。

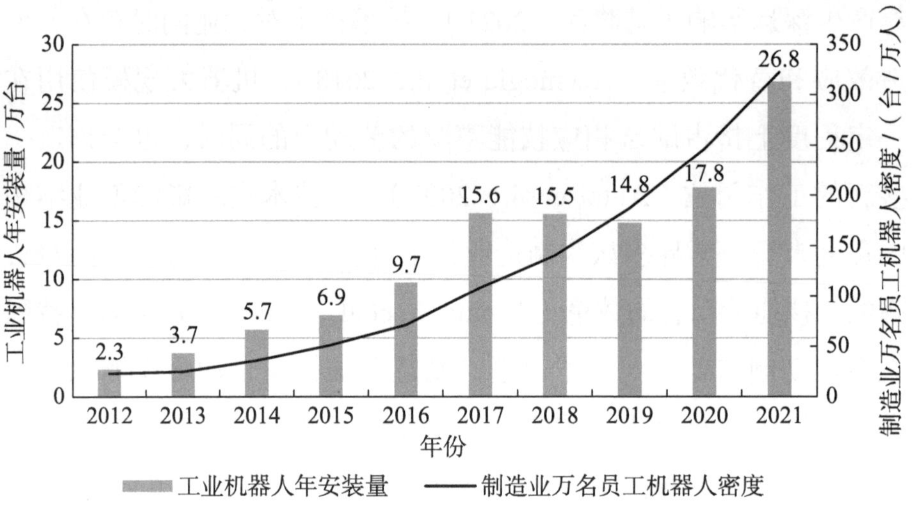

图1-11　2012—2021年我国工业机器人安装情况

制造业服务化带来就业“转化效应”。20世纪80年代以来，众多发达国家制造业开始通过服务化发展来提高产品质量，提升企业竞争力。近年来，随着信息技术、数字技术的快速发展，制造业和服务业融合趋势加快，制造业中的研发、设计、物流、营销等活动，能以极低成本被转移至独立的生产性服务业企业。OECD国家数据显示，制造业企业中约有25%~60%的就业岗位属于服务支持职能部门，如研发（R&D）、工程、运输、物流、分销、营销、销售、售后服务、IT、管理和后台支持等。制造业服务化主要通过产品创新和市场规模两条渠道来影响制造业就业，制造业服务化导致生产效率和市场规模提升，导致就业规模扩大，也会改变就业结构，部分制造业就业岗位会转化为服务业（江小涓 等，2022）。利用投入产出方法，基于2010—2020年5张投入产出表，测算结果显示（见表1-6），2011—2019年，我国制造业向服务业转移的就业人数达910万人左右。

表1–6　2010—2020年我国制造业向服务业转移的就业人数测算

单位：万人

年份	为制造业提供服务的生产性服务业就业人数	制造业向服务业转移的就业人数
2010	1314.9	—
2011	1417.4	102.5
2012	1493.9	76.5
2013	1850.8	356.9
2014	1903.4	52.6
2015	1941.4	38.0
2016	1986.4	45.0
2017	2014.6	28.2
2018	2010.8	-3.8
2019	2180.6	169.9
2020	2180.6	0.0

注：本研究将为制造业提供服务的生产性服务业就业人数的变动情况视为制造业向服务业转移就业情况。表中最后一列表示当年数值与上年数值的差。

（四）社会吸引力不足

职业声望不高。新中国成立初期，产业工人的“主人”身份为从业者带来了无上的光环和荣誉。然而，自20世纪90年代起，人们对制造业从业者的职业身份认同度开始下降，制造业就业成为“差工作”的代名词。同时，部分地区对劳模精神、工匠精神的宣传集中在“五一”国际劳动节前后，部分宣传报道仅活跃在报纸上、广播中、荧屏里，“五月来、六月走”现象仍存在，对制造业的职业宣传力度和效果有待进一步加强。一些地方对劳模和工匠仍采用“运动式”和“节日型”劳模慰问方式。部分劳动者认为，现有的一些国家级激励举措，如“大国工匠”“技能大奖”“劳动模范”离他们太远，“感觉永远也够不着、评不上”，希望地方政府尤其是基层政府能够出台一些“接地气”“够得着”的有希望评得上的激励奖励举措。

就业认可度低。当前，全社会对制造业就业仍停留在“流水线”“拧螺丝”“缝针眼”等机械重复、缺乏创新性等传统认识阶段，对制造业大规模个性化定制、网络协同制造、云制造等新型生产模式，智能工厂、灯塔工厂、未来工厂等先进生产场景，以及智能制造、服务制造、人机互动、创意创造等技能复合型、高附加值就业岗位了解较少，在一定程度上造成社会对制造业就业认可度低，“不愿进”“不想进”甚至“不敢进”。同时，以知识、技能为导向的薪酬分配体系尚未建立，职业资格标准固化、更新迟缓，职业发展、技能成才的渠道单一且不畅通，上升空间受限，学历学位与技能等级难以转换互认，也导致很多高校毕业生排斥制造业。社会对技能人才的尊重，远未达到转变家庭和青年技能就业观念的程度。

劳动者就业“规避效应”凸显。近年来，平台经济发展快速，外卖、快递、直播、在线营销、自媒体等工作不受时间和地点限制，不用远离繁华都市，工资水平较高，部分制造业从业人员纷纷选择这类灵活就业。据滴滴统计，截至2017年，滴滴出行平台创造了2000多万个就业机会，其中近400万人来自传统制造业。相关统计显示，2015—2020年平均每年约150万人离开制造业。青年就业观念的转变，短期看，会导致制造业就业出现明显年龄断层，部分企业存在较严重的“招工难”等问题；长期看，会严重冲击制造业人才队伍建设的完整性，动摇制造业竞争力和体系的完整性。

四、先行工业化国家制造业高质量就业的一般规律与经验做法

先行工业化国家经验表明，随着工业化进程推进，在人均收

入达到一定水平后，制造业就业人数占比和制造业增加值占比就会逐步下降。先行工业化国家采取了一系列的措施用来增强制造业综合竞争力、构建良好的制造业就业生态，以振兴制造业、吸引青年就业。

（一）制造业就业总量和占比下降是先行工业化国家普遍规律

发达国家去工业化过程中均出现制造业就业弱化的态势。国际经验表明，去工业化过程中，发达国家制造业就业总量和占比会随着制造业比重的下降而下降（叶振宇，2021；黄群慧 等，2022）。国际劳工组织数据显示，美国、英国、德国、法国、日本、韩国等国家的制造业就业总量和占比达到相对高点后均出现下降态势。从就业人数来看，1998年美国制造业就业人数达到历史最高值2033.2万人后开始下降，2010年降至最低值1536.4万人；德国制造业就业人数在1991年达到1128.1万人的最高值后，到2010年降至774.3万人的最低值；日本制造业就业人数在1992年达到历史最高值1587.5万人后，到2012年降至1033.4万人的最低值。美国、德国、日本制造业就业总量占全社会就业总量的比重分别从1991年的16.3%、30%和24.5%降至2021年的9.9%、20%和15.8%。从降幅来看，1991—2021年，英国、日本、德国的制造业就业总量下降幅度均超过30%，分别达到49.4%、34.9%和31.4%。

制造业就业总量经历快速下降后将进入相对平稳期或小幅反弹上升。英国、日本等国家制造业就业总量在度过快速下降期后均呈现低位波动态势。英国制造业就业总量在2009年降至288.2万人，此后持续处于低位波动，平均值约300万人；日本制造业就业总量在2012年降至1033.4万人后，常年维持在1050万人左右。近年来，随着一些发达国家再工业化和制造业回流，制造业就业人数开始呈现增加趋势。美国制造业就业人数在2010年达到最低值1536.4万人后逐渐回升，2019年超过1700万人，制造业就业人数增加171.3万人；德国制造业就业人数在2010年降至最低值774.3万人后回升，2020年增至845.3万人；韩国在2009年降至387.7万人的最低值后逐步回升，2015年达到470.6万人（见图1-12）。

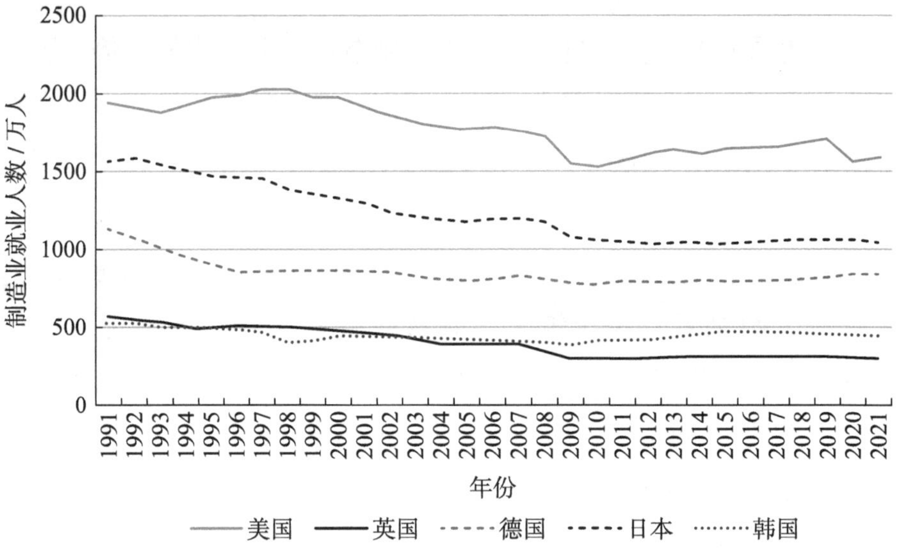

图1-12　1991—2021年先行工业化国家制造业就业人数变动情况

数据来源：国际劳工组织、经济合作与发展组织国家数据库。

（二）增强制造业综合竞争力是高质量就业的基本前提

积极推动制造业转型升级以助力劳动生产率的提高。美国、日本、德国等先行工业化国家一直是产业转型升级的引领者，从机械化时代到信息化时代，这些国家依靠强大的技术、资金、人才优势，推动本国产业技术的升级换代。20世纪60年代后，日本调整了产业发展方向，通过夯实产业公地[1]、强化科技创新等，以及减税、补贴等政策引导，推动制造业从资源消耗型重化工业向低能耗技术密集型产业转变，促进产业结构升级。20世纪80—90年代，美国通过加大对科技创新的支持力度和对高新技术产业的扶持，推动本国钢铁、汽车等重工业向以信息化、智能化、绿色化为代表的高端先进制造业转变，完成了产业升级迭代。先行工业化国家的制造业转型升级，改变了传统的生产制造模式，提高了劳动生产率、产品附加值和盈利水平，改善了企业生产环境，为企业提高劳动者报酬和社会保障水平提供了基础支撑。

积极推行再工业化战略以创造更多高质量就业岗位。21世纪以来尤其是2008年国际金融危机以来，美国、日本和欧盟等针对经济“脱实向虚”“去工业化”等现象，均出台众多战略计划，力图重振制造业。美国先后出台《重振美国制造业政策框架》《制造业促进法案》《先进制造业伙伴计划》《国家制造业创新网络计划》等，以扭转产业空心化势头。英国提出“重振制造业战略”，法国提出“工业振兴计划”，日本出台《日本再兴战略》并提出发展“领先世界的尖端产业群”，德国提出“工业4.0”的高科技战略计划，力图重振制造业。相对“去工业化”阶段，先行工业化国家“再工业化”阶段除了实现更高的产业链价值，推动制造业向高端化转型，也使制造业就业人口有所增加，尤其是开发了更多高质量的就业岗位，显著改善制造业就业质量。例如，2014年12月美

[1]　产业公地丧失会导致一国制造业发展在本土难以获得硬件产品制造所需的零部件、组件、测试设备和物流等，这往往导致一国选择将相关产品生产转移到海外（加里·皮萨诺和威利·史，2014）。强化基础产业和工业基础设施建设能够夯实产业公地，日本、德国和韩国在本国保留了为制造业提供硬件配套的基础产业，并大力建设工业基础设施促进制造业发展。

国国会通过的《振兴美国制造业和创新法》，旨在激发先进制造研究，加快培育先进制造业劳动力，创造更多高质量的就业机会。

（三）良好的就业生态是稳定制造业就业的重要保障

强化技能人才的培养培训。美国、英国、韩国等国家针对各自技能劳动力结构和产业发展中的相关问题，从国家人才战略层面制定科学、技术、工程和数学（STEM）教育，加强以制造业为重点的创新型高技能人才的培养（袁冬梅，2012）。德国“双元制”职业教育模式是学校和企业共同培养学生，把在学校进行的理论学习和在企业进行的实践教育紧密结合起来，培养了大量基本功扎实、技术熟练的应用型高技术高技能人才。截至2022年底，德国正在接受“双元制”培训的总人数为121.6万人，约60%的签约学生在毕业后继续留在培训企业工作。近年来，为配合德国“工业4.0”计划，德国推出了“职业教育4.0”倡议，提出了适应“工业4.0”的专业人才培养培训整体解决方案。

持续提升技术技能人才工资收入。德国在“去工业化”过程中，为破解制造业劳动参与率下降难题，对制造业工资分配体系进行了全面改革，通过引导工资集体协商、扩大和完善企业内部工资共决机制、分行业分技能等级制定最低工资标准等，着力维护和提高技能人才的工资福利待遇。德国《企业法》规定，5人以上的企业都可以建立工厂委员会，全部由劳动者组成，独立运作，对企业的工作条件、劳动制度和工资福利等劳工制度有参与决策权。美国工会在制造业产业工人薪酬集体协商中发挥了决定性作用。第二次世界大战后，在工会组织的推动下，美国产业工人的工资持续上升，使得大批蓝领工人加入中产阶级的行列。

提升公众对制造业的职业认可度。为振兴制造业，鼓励青年投身先进制造业，美国设定了国家制造日，每年举办大型活动，制造商会邀请青年学生、教育者、媒体代表等赴企业进行参观考察，介绍制造业职业前景，展示工作生活环境，改变公众对制造业的看法。此外，美国装配与制造工程师协会基金会每年资助举办先进制造夏令营，旨在为12~16岁高中生提供为期一周的制造业职业体验，包括参观制造业工厂、在密切监督下操作机器、与顶尖行业专家交流等，鼓励青年选择制造业职业（李玲玲 等，2021）。德国政府大力支持职业教育，社会对技工的尊重在世界首屈一指，技工收入较高，普通技工收入略高于普通大学白领毕业生，一些行业的技工工资比普通公务员甚至大学教授还要高。

五、促进制造业高质量就业的思路、路径和举措

（一）总体思路

深入实施就业优先战略，以稳定制造业就业为基础，以高质量充分就业为目标，坚持供需双侧发力、长短期分类施策，正确处理就业政策与产业政策、就业数量与就业质量、技术创新与岗位创造的关系，实施援企稳岗拓岗“四大任务”、就业技能提升“两大行动”、提升就业质量“五大举措”，不断增强制造业就业吸纳能力和就业吸引力，着力提升劳动者技能素质，改善制造业就业环境，健全公共就业服务体系，推动形成制造业就业质的提升与量的扩大良性循环。

（二）正确把握三对关系

一是就业政策与产业政策的关系，推动就业政策与产业政策协同联动。要跳出就业看就业，把就业摆在经济社会发展的大局综合

考虑，坚持经济发展就业导向，强化就业优先导向的宏观调控。推动就业质量与产业支持政策挂钩，把提高就业质量作为支持制造业发展的重要内容，充实政策工具箱，将用工数量、薪酬分配、人才培养、职业发展等纳入产业政策统筹考虑，分类分级给予税费减免、信贷支持、财政奖补等支持，切实推动就业政策与产业政策协同联动。

二是就业数量与就业质量的关系，推动就业数量和就业质量有机统一。要从就业数量和就业质量协调统一的视角认识理解制造业高质量就业，在提高就业质量的基础上，稳定制造业就业数量。把提高制造业就业质量作为就业工作重心，着力改善就业环境、提升劳动者素质、增强技能就业技能成才观念，多措并举创造更多高质量就业岗位，推动更多劳动者体面劳动，以高质量就业吸引更多青年劳动者，增强制造业就业吸引力，稳住制造业就业数量，着力打造一支技艺精湛、素质优良、规模宏大、结构合理的制造业产业工人队伍，推动形成劳动力市场更高水平的供需动态平衡。

三是技术创新与岗位创造的关系，高效应对智能化技术应用对就业的影响。要积极应对智能化技术应用对就业的影响，坚持分类、分步骤有计划推进“机器换人”，建立机器人、人工智能等智能化技术应用对就业影响的跟踪研判和协同应对机制，避免其就业替代效应短期内集中释放。加快制造业就业友好型技术创新和商业模式创新，构建不同行业、不同业态间的转岗机制，加快劳动者知识和技能更新速度，广泛开展智能化技术应用适应性、储备性培训，提升智能化技术通用技能。

（三）推进路径

高质量就业既是一种程度、状态，也是一个动态发展过程。促进制造业高质量就业是一个系统工程，涉及部门多、领域广，需要加强跨部门跨领域协作，分类分步稳步推进。近期最主要的任务是稳定制造业就业，中长期要以提高就业质量来稳定制造业就业，从而促进高质量就业。

1. 近期：切实稳定制造业就业

（1）政府部门：需求侧强化援企稳岗拓岗力度，建立高质量就业的基础制度体系。开展制造业降本减负增效行动，多渠道助力企业稳订单拓市场，切实稳定制造业用工需求。建立人工智能等智能化技术应用对就业影响的跟踪研判和协同应对机制。加强制造业高质量就业的动态监测和综合评价。建立面向全体人民、贯穿全生命周期、服务全链条的技能就业观念教育引导体系。

（2）工会组织：扎实做好劳动权益保障，加大职工表彰激励力度。健全制造业灵活就业人员权益保障制度，加大高技能人才表彰奖励力度，加大劳动模范、技能能手等评选向制造业企业尤其是民营制造业企业倾斜，鼓励地方工会或企业评选符合地方特色和企业实际的技能能手等。

（3）企业：逐步改善生产生活环境，优化职工薪酬体系。持续加大对科技创新的投入。稳步开展生产车间降噪、除尘、制冷、去污等，完善员工住宿、用餐等环境。强化工资收入分配的技能价值激励导向，实施与职业技能等级序列相匹配的岗位薪酬体系。

2. 中长期：多措并举稳步提升制造业就业质量

（1）政府部门：需求侧构建促进制造业高质量就业的长效机制，供给侧健全劳动者终身职业技能培训制度。推动产业政策与就业政策协调联动，把提高就业质量作为产业政策支持制造业发展的重要内容。积极推动制造业转型升级，开发更多高质量就业岗位。构建贯穿劳动者学习工作终身、覆盖劳动者职业生涯全程、适应就业创业和人才成长需要以及经济社会发展需求的终身职业技能培训制度。

（2）工会组织：健全构建和谐劳动关系长效机制，完善职工表彰激励机制。持续加强职工劳动权益保障，健全完善多渠道多方式的表彰激励制度，构建以国家表彰为引领、行业企业奖励为主体、社会奖励为补充的技能人才表彰奖励体系。

（3）企业：稳步提升生产生活环境，健全职工多元化薪酬体系。持续优化完善生产车间环境和员工住宿、用餐环境，加强员工住房、子女教育、就医、养老等服务保障。健全完善以岗位为基础、以贡献为核心的薪酬体系，稳步提高职工收入待遇。

（4）劳动者：逐步转变就业观念，增强制造业职业认同感。

（四）政策举措

1.实施制造业援企稳岗拓岗“四大任务”

（1）加大援企稳岗支持力度。实施制造业降本减负行动，鼓励各地出台进一步降低企业融资、租金、物流、用能等成本的措施，加大对库存压力大、订单流失较多的制造业企业减税降费、社保减免、房租减免、金融信贷等支持政策，持续引导金融机构加大制造业中长期贷款投放力度，促进制造业提质降本，提升制造业盈利能力。

（2）稳定劳动密集型制造业岗位。实施劳动密集型产业固盘行动，加大对劳动密集型制造业的金融、税费、补贴等政策支持力度，引导具有品牌、技术、特色资源等优势的企业以并购、产业联盟等多种方式做优做强。支持企业采用先进适用生产工艺、自动化智能化技术，引导企业向处于价值链高端的原材料、设计等环节转型升级，推动传统制造业升级赋能、延伸产业链条，改善劳动生产环境，创造更多高质量的就业岗位。支持劳动密集型中小企业运用跨境电商、市场采购贸易、直播电商等新模式，积极开拓国内外市场。鼓励大型电商平台为中小企业和个体工商户提供线上销售服务和流量支持。引导劳动密集型产业重点向中西部劳动力丰富、区位交通便利地区转移。

（3）加大技能型就业岗位开发力度。加快自动化设备、工业机器人、人工智能、物联网等技术深度应用，推动传统制造业向高端化、智能化、绿色化转型。有步骤地推动简单加工、重复劳作和“危繁脏重”的工作岗位实现自动化智能化替代，促进低端体力型岗位向高端技能型岗位升级。做大做强战略性新兴产业，推进先进制造融合集群发展，开发更多依赖于认知、人机互动、创意创造的技能复合型、高附加值就业岗位。

（4）培育制造业就业新增长点。积极发展大规模个性化定制、网络协同制造、云制造等新型生产模式，推动传统制造业生产组织模式和空间组织模式加速变革，促进制造业服务化和服务业制造化的产业融合，挖掘制造业转型升级中催生出的数字化运维管理员、智能硬件安装调试员、工业机器人系统操作员等新就业岗位。支持发展相对自由灵活的制造业就业方式，以及多样化的新就业形态，加大对灵活就业、新就业形态人员劳动用工、就业服务、权益保障、职业伤害保障等的支持力度。

2. 实施就业技能提升“两大行动”

（1）实施产教融合赋能提升行动。持续优化职业教育专业布局结构，提高职业教育专业设置与市场需求的匹配度。鼓励引导企业深度参与职业院校专业规划、教材开发、教学设计、课程设置、实习实训等，广泛开展校企联合招生、委托培养、订单培养和学徒制培养。探索“专业学科+项目制”等培养模式，推动制造业企业带项目、带导师进校园，创新校企双制、校中厂、厂中校等方式。鼓励企业通过名师带徒、技能研修、岗位练兵、技能竞赛、技术交流等形式，开放式培养培训高技能人才。对联合培养高技能人才成效显著的企业，各级政府按规定予以表扬和相应政策支持。

（2）实施产训结合行动。加强省级层面培训资源统筹，加大对职业技能培训基础设施和师资队伍建设的支持力度，动态调整政府补贴性培训项目目录，依托公共实训基地等培训平台，突出高技能人才培训、急需紧缺人才培训。进一步完善技工等级晋升制度、职业技能等级认定政策，加快推进学历证书与技能等级证书互认共享。构建不同行业、不同业态间的转岗机制，广泛开展智能化技术应用适应性、储备性培训。鼓励制造业重点企业与高校、培训基地合作，共建职工培训中心或联合大学，促进产训结合。

3.实施提升就业质量的“五大举措”

（1）合理增加制造业劳动者报酬。指导企业深化工资分配制度改革，建立产业工人最低工资制度，完善最低工资标准调整评估机制，稳步增加一线劳动者劳动报酬。强化工资收入分配的技能价值激励导向，实施与职业技能等级序列相匹配的岗位薪酬体系，鼓励企业对优秀高技能人才实行年薪制、协议工资制、股权期权激励等薪酬策略，设置符合技能人才岗位特点的技能津贴、班组长津贴、带徒津贴等，给予技术创新成果入股、岗位分红等激励。针对灵活就业特点，鼓励企业完善计件、计时、计次等工资制度，合理采用按次提成、日薪、周薪等薪资发放形式。

（2）完善技能人才表彰激励机制。加强对技能人才的表彰力度，支持技能人才参与企业经营与管理，重视从技能人才中培养选拔党政干部。积极推荐高技能人才享受政府特殊津贴，加大以评选“中华技能大奖”“全国技术能手”“大国工匠”荣誉称号为标杆进行人才培育和推荐的力度。完善技能人才表彰项目，各级荣誉适当向高技能人才倾斜。鼓励地方将高技能领军人才纳入各级党委联系服务专家范围和各地人才分类目录。广泛开展优秀高技能人才国内外技术交流、休假疗养和节日慰问活动，定期举办高技能人才国情研修班。开展制造业就业育人优秀案例创建活动，选树一批就业典型人物。

（3）优化劳动者工作生活环境。加强标准化规范化厂房建设，支持企业对生产车间开展降噪、除尘、制冷、去污等，支持园区或企业推广建设标准化单间宿舍。提升大型制造业企业在育儿、教育、医疗等方面的社会服务功能，鼓励企业举办托育等社会服务机构，支持产业园区或企业建设员工文化娱乐休闲设施，鼓励有条件的地区对制造业从业人员购买社会化服务给予适当补贴，加强对员工的公共服务保障。实施工伤预防行动，加强劳动者安全生产和职业健康保护，加大职业病防治知识宣传教育。

（4）扎实做好劳动权益保障工作。持续开展劳动关系和谐企业创建活动，加大劳动关系和谐企业指导培育、评估认定和正向激励力度，完善政府、工会、企业共同参与的劳动关系协商协调机制。鼓励企业与劳动者签订长期或无固定期限劳动合同，规范农民工、劳务派遣工的劳动合同签订，不断提高劳动合同履行质量。加强对劳动密集型企业、中小微企业用工指导，依法查处招聘过程中的虚假、欺诈现象，强化劳务派遣用工监管，督促企业落实工时、休息休假等劳动标准，完善欠薪治理长效机制。

（5）强化技能成才观念培育。在中小学开展体验式生产制造教育，增加生产制造实践课程，在价值观形成时期培养提升中小学生对生产制造活动的兴趣。开展职业技能启蒙与技能文化熏陶行动，推动职业（技工）院校定期向中小学生开放，建设一批智能制造实践体验基地。深入实施劳模工匠进校园行动，教育和引导青少年从小树立辛勤劳动、诚实劳动、创造性劳动的观念。鼓励高校毕业生在获得学历学位证书的同时，获得相关职业资格证书和职业技能等级证书。

4.开展推进高质量就业的“三个试点”

（1）开展制造业高质量就业地区试点。在京津冀、长三角、粤港澳大湾区、成渝等地区制造业就业规模大的产业园区，建设一批制造业高质量就业试验区，建立健全制造业高质量就业评价指标体系，打造一批吸纳能力强、就业质量高的企业，探索形成一批高质量就业典型模式，鼓励有条件的地区探索企业员工共富体发展路径。

（2）开展承接产业转移示范区提质扩面试点。在前期设立的国家级承接产业转移示范区的基础上，在中西部地区和边境地区扩大承接产业转移示范区范围，支持中西部和边境地区与东部沿海地区通过共建跨区域产业合作园区、发展飞地经济等多种方式搭建承接产业转移平台，采取特殊的财税、金融和土地政策，推动各类要素资源向平台集中，增强承接产业转移能力，推动受成本压力驱动向海外转移的制造业向西部边境地区转移，探索建立外迁企业与承接地企业共同开发、风险共担、利益共享的合作机制，创造更多本地就业岗位，切实留住用工需求，扩大承接产业转移平台就业容量。

（3）开展制造业高质量就业统计监测试点。建立完善包括就业数量、劳动报酬、技能水平、劳动环境、职业稳定性和受尊重程度等具有制造业就业特点的统计调查制度。研究建立制造业高质量就业统计监测体系，加大对劳动密集型等制造业重点行业和重点地区的就业统计监测，定期测算分析制造业高质量就业前瞻性指数，发布制造业高质量就业监测分析报告。创新制造业就业调查统计方法，推进互联网、大数据等新技术在制造业就业统计领域的应用。

分论篇

第二章　制造业高质量就业的内涵特征及评价指标体系

内容摘要：制造业高质量就业是指制造业就业机会充分和公平、就业结构优化、就业岗位稳定、就业收入体面、劳动者结构合理和劳动投入适度。构建制造业就业质量水平指数，测算结果显示，2008年以来，我国制造业就业质量水平总体呈现“N”形走势，2009年制造业就业质量水平处于最低值0.196，2015年攀升至最高值0.698，2021年降至0.413。目前，制造业就业质量水平仍处于下降通道。2015年以后，就业状况保持良好是决定制造业就业质量好坏的关键因素，进一步而言，就业结构升级、高学历劳动者占比提高及就业稳定，为制造业就业质量提高起到了稳健的支撑作用；同时，就业人员老龄化、工资增长乏力、超时工作人员占比提高，以及就业缺乏公平，是制造业就业质量不高的四个突出表现。建议多渠道增加劳动力供给，建立和完善工资正常增长机制，加大对超时加班的整治力度，优化性别平等的就业环境，加强女性职业技能培训。

促进制造业高质量就业是促进高质量充分就业的内在要求。党的二十大报告提出“促进高质量充分就业”的目标要求，这是党中央对“十四五”及更长一段时期就业工作作出的重大战略部署。制造业是稳就业、促就业的主力军。改革开放以来，制造业创造了大量城镇就业岗位，为城镇化进程中转移的农村富余劳动力提供岗位、增加收入。但近年来，随着我国劳动力成本优势减弱、新技术引发的劳动力替代效应增强，以及劳动群众对就业质量要求的提高，制造业吸纳就业的能力面临压力和挑战。新时代新征程，推动制造业实现高质量就业，不仅能够满足广大劳动群众对高质量就业的迫切期待，还有助于巩固制造业稳就业作用，激发促就业潜能，提高劳动者素质能力，优化人力资源结构，夯实制造业充分就业的根基，形成制造业就业质的提升与量的扩大的良性循环，促进制造业劳动群众体面就业、全面发展。

一、研究理论基础和研究设计

（一）研究理论基础

已有研究文献围绕“制造业就业质量评价”展开了多角度的探讨，综合来看，共分为五类主题，具体如下。

第一，制造业就业质量的描述性分析和评判。制造业就业质量状况涉及就业规模、就业结构、劳动力结构、报酬福利，以及劳动关系等。1998—2007年，我国制造业经历了大规模的岗位创造和岗位消失（马弘 等，2013）。近年来，制造业就业总量和就业比重“双下降”，存在工资待遇偏低、劳动报酬比重下降、劳动力供给量下降、人才供不应求、人工成本高、劳动生产率低、劳动强度大等问题（张杰 等，2012）。

第二，制造业就业质量评价指标体系的分析。制造业从业者的就业质量评价指标体系由若干一级、二级和三级指标构成，旨在考察制造业从业者在就业过程中的工作条件、劳动关系、薪酬福利、职业发展，以及职业满意度等方面的变化及其发展情况。

第三，特定群体在制造业就业质量分析。特定群体包括农民工、高校毕业生、特别是高职院校毕业生以及外来务工人员等。概括而言，农民工在制造业就业质量特征主要有：劳动报酬较低，劳动关系较差，参加职工社保比例低，工作时间长、强度大，技能培训覆盖面窄，就业满意度不高等。高校毕业生在制造业就业质量特征主要有，薪资水平参差不齐、差距大，工作与专业相关度偏低，就业离职率高，就业满意度偏低等。外来务工人员在制造业就业质量特征主要有：工资待遇偏低、增幅较小，普遍超时工作，福利少，参加职工社保项目不全、比例偏低，就业稳定性差，签订劳动合同状况不佳。

第四，制造业就业质量影响因素分析。制造业就业质量影响因素多元，既有工作特征、工作环境与安全性、企业管理与内部关系、劳动关系、工资收入、劳动保护等微观层面的因素，也有区域分布、产业结构、出口、行业垄断、外资比重、生产效率、劳动力供给、技术进步、人力资本差异、劳动力市场一体化、公共服务、职业培训、环境规制、平台经济等中观和宏观层面的因素（都阳 等，2004；严兵 等，2014；屈小博 等，2016；徐伟呈 等，2017；张双伶 等，2021）。

第五，促进制造业高质量就业的对策建议。主要的对策建议包括：壮大数字经济，优化制造业就业结构；促进减税降费、强化政府采购、创新金融服务模式、健全工资决定、合理增长和支付保障机制，提升制造业盈利能力；政府增加环保投资，促进制造业绿色转型；加大制度创新，完善人力资源开发机制，强化职业技能培训，完善公共就业服务体系；支持制造业企业应用人工智能、工业机器人，实现数字化转型。

已有研究文献为本研究奠定了必要的基础，有助于进一步厘清制造业高质量就业的内涵，明确制造业高质量就业评价的思路和维度。当然，已有研究文献也存在一些薄弱点和空白处。一是缺少对制造业高质量就业的清晰定义，大多数的研究文献仍然集中在分析制造业高质量就业或就业质量的外延上。二是对制造业就业质量评价的研究相当薄弱，在中国知网使用“制造业就业质量评价”检索，只查询到一篇相关文献。三是缺少对制造业就业质量水平状况的综合性、整体性、定量化评价，尚无研究文献回答“近年来我国制造业就业质量水平变化趋势如何”“当前我国制造业就业质量水平如何”等问题。四是未能指出影响制造业就业质量水平的主要因素和次要因素，关于各种因素对制造业就业质量水平的贡献有多大，未能给出明确的判断，从而不利于提出有针对性和操作性的政策建议。

（二）研究设计

基于已有文献述评，本章拟弥补“制造业就业质量评价”领域的研究空白，探索性地对我国制造业就业质量水平状况进行综合性、整体性、定量化评价，为科学分析制造业就业质量水平状况、有针对性地提出实现制造业高质量就业的政策建议提供实证支撑。

具体而言，本章旨在定量评估我国制造业就业质量水平，把握制造业就业质量水平变化趋势，探讨制造业就业质量领域的积极表现，发掘短板问题，为提高制造业就业质量提出建议。在具体的结构安排上，除了第一部分对理论基础和研究设计进行分析之外，其他部分的安排如下：第二部分分析概念内涵、评价思路和维度划定，把握制造业高质量就业的内涵和评价维度；第三部分建立制造业就业质量评价指标体系，使用指数法，采用客观赋权法确定评价指标体系中各指标权重，构建制造业就业质量水平指数；第四部分测度2008年以来制造业就业质量水平，探讨变化趋势，分析比较评价维度对制造业就业质量水平指数值的贡献度；第五部分先提出研究启示，指出推动我国制造业就业质量提高的主要力量，以及影响制造业就业质量的薄弱环节，然后针对薄弱环节，提出对策建议。

本章主要使用了四种研究方法，包括文献研究方法、比较研究方法、历史研究方法，以及统计方法和数理分析方法。研究共有四个创新点，其中，最大的创新点是构建了制造业就业质量水平指数，对我国制造业就业质量水平状况作了量化分析，并明确提出近年来制造业就业质量变化趋势。第二个创新点是比较分析了多个影响因素对制造业就业质量水平状况的贡献度，并指出其中的主要影响因素及其贡献度大小。第三个创新点是指出了推动制造业就业质量提高的三个主要力量，以及影响制造业就业质量的四大薄弱环节。第四个创新点是指出了制造业对女性劳动者不友好，并提出具体的对策建议。

二、概念内涵、评价思路和维度划定

（一）就业质量的内涵和评价思路

就业包括数量（或称规模）、结构和质量等。比较而言，就业数量和就业结构问题已经普遍受到了各国政府和学界的重视。从20世纪70年代开始，西方发达经济体，如美国、欧盟成员国的劳动力市场政策制定者开始探索超越单纯数量意义的就业概念，进一步深入到分析劳动者从就业过程中获得的全部效用和价值，这就是“就业质量”。当然，就业质量问题真正进入人们关注的视野，还是在20世纪90年代末期。1999年，时任国际劳工组织总干事的胡安·索马维亚提出了“体面劳动”的概念和理念。体面劳动的含义是劳动者在自由、平等、保证安全和个人尊严的前提下，获得体面、高效的工作机会。体面劳动包括四个维度，即就业促进、劳动权益和劳动标准、社会保护、社会对话。进入21世纪，很多国家都将实现体面劳动纳入了议事日程。

国际劳工组织对“体面劳动”的界定，明确将就业数量和就业质量共同涵盖进来，强调了就业数量与就业质量互为条件、互为因果、辩证统一。高质量就业强调经济发展、就业和社会政策之间存在着紧密联系（Tangian A，2007）。高质量就业应当是同时满足用人方和劳动者需求的所有就业特征的组合（Bescond D et al.，2016）。为了促进用人方和劳动者共同接受所有的就业特征，需要构建一套工作机制（Anker，2015）。综合国内外关于体面劳动和就业质量的研究，衡量就业质量最为核心的指标有四个，包括工作机会、劳动报酬、职业技能和劳动关系。

据此，就业质量的内涵如下，就业质量是指劳动者与生产资料结合的状况，包括工作性质（此处指是否为自由、自愿选择就业）、聘用条件、工资水平、工作稳定性、工作环境、社会保险和劳动关系等主要内容，其与就业数量一起，是综合反映就业“一体两面”的概念。就业质量不仅关系到劳动者的权益保护，其优劣还会直接影响就业数量。

评价制造业就业质量水平，根本目的是实现高质量就业。分析和评价一个国家、地区的就业质量状况，除了进行定性描述和分析外，更重要的是需要进行定量描述和分析。具体而言，第一步，要寻找或建立一个度量标尺，并用这一度量标尺衡量就业质量的状况，以量化描述就业质量的水平与发展态势。第二步，进行比较和定位，包括就业质量水平的历史性比较，以及各维度评价值及其贡献大小。第三步，观察宏观因素对就业质量的深远影响，包括产业就业结构、劳动力供给、收入分配等。第四步，找到积极因素和短板弱项。第五步，找到提升就业质量的途径。

就业质量评价指标体系应具备以下特征：一是指标体系完备，即指标体系作为一个整体能够基本反映就业质量的主要方面或主要特征；二是指标数量不宜过大，以易于操作为限；三是指标具有独立性，即指标体系中的指标互不相关、彼此独立；四是指标具有可测性和可比性，其计算方法应简明，计算所需数据比较容易获得和比较可靠；五是指标内容在一定时期内应保持相对稳定，同时，指标体系将随着时间的推移和情况的变化而有所改变；六是指标体系既要考虑当前的实际，又要有一定的超前性，从而为决策者提供具有前瞻性的信息。

（二）制造业高质量就业的内涵和评价维度

制造业高质量就业是指制造业就业机会充分和公平、就业结构优化、就业岗位稳定、就业收入体面、劳动者结构合理和劳动投入适度。制造业就业质量的评价维度既要结合制造业以正规就业为主的岗位特点和用工形式，又要考虑劳动者的迫切需要和切身感受，更要可以运用政策工具加以调整和改善。采用一个或几个指标不足以全面准确分析和评价制造业就业质量，需要建立一个分析评价指标体系，即相互联系的统计指标所组成的有机体。

制造业就业质量的评价指标体系，既是研究认识制造业就业质量问题的工具，也是评价制造业就业质量的一个核心和关键环节。制造业就业质量评价至少应包括四个维度，具体如下。

第一，劳动者的就业状况是否良好。好的就业状况可描述为：劳动者就业机会充分、就业结构良好、就业的稳定性和公平性持续改善。

第二，劳动者的劳动报酬是否体面。体面的劳动报酬可描述为：劳动者通过就业能够获得公平、合理和稳步增长的劳动报酬，并且所获报酬能有效改善其家庭生活，体现劳动者自身的社会价值。

第三，劳动者的结构是否合理。合理的劳动者结构可描述为：高学历劳动者群体数量增加，劳动者素质结构朝着高学历、高技能方向升级，同时，青年劳动者群体数量和占比保持相对稳定，劳动者队伍具有活力、生产性和创新性。

第四，劳动者的工作投入是否适度。适度的工作投入可描述为：工作时间安排合法、合理，超时工作情况得到扭转，超时工作劳动者数量下降，劳动者的工作和生活可以平衡，拥有必要的休息时间。

三、制造业就业质量评价的指标体系和指数构建

（一）制造业就业质量评价指标体系的建立

甄选制造业就业质量评价指标的基本原则有四个。一是特征明确，有代表性。从众多影响制造业就业质量的因素中按照一定的准则选取影响程度最大的关键因素作为评价指标。二是维度完整，适用性高。选取的指标应具有普遍性、多层次性，保证总体指数能够尽量客观、全面地反映制造业就业质量。三是数据可得，度量可行。指标的获取、收集和整理要简便易行，数据可从官方的、公开的渠道获取。四是逻辑清楚，衡量有效。指标的划分在逻辑上保持一致，指标体系的合成能够客观、定量地反映制造业就业质量的状态，避免指标交叉和重复。

制造业就业质量评价指标体系如表2-1所示，共有两级评价维度，其中，一级评价维度共设立4个，依照制造业高质量就业的内

涵，一级评价维度包括就业、工资、劳动者和工作时间。二级评价维度共设立11个，每个一级评价维度都包含二级评价维度，其中，就业的二级评价维度有4个，工资的二级评价维度有3个，劳动者的二级评价维度有2个，工作时间的二级评价维度有2个，旨在从多个方面衡量一级评价维度，具体包括就业机会、就业结构、就业稳定性、就业公平性、工资竞争力、工资差距、工资增长、劳动者素质结构、劳动者年龄结构、工作时间构成以及工作和生活平衡。每个二级评价维度对应一项评价指标，统计周期均为年度，数据来源是由国家统计局、人力资源社会保障部公开发布的2004年至2022年的年度统计公报，或者公开出版的历年《中国统计年鉴》《中国人口和就业统计年鉴》《中国劳动统计年鉴》。

表2–1 制造业就业质量评价维度和评价指标体系

一级评价维度	二级评价维度	评价指标 / 单位	评价指标定义（方向）
就业	就业机会	城镇新增制造业就业人数 / 万人	城镇新增就业人员中在制造业就业的数量（正向指标）
	就业结构	制造业就业人员中战略性新兴制造业就业人员占比 /%	城镇非私营单位制造业就业人员中战略性新兴制造业就业人员占比（正向指标）
	就业稳定性	城镇失业人员中制造业失业人员占比 /%	城镇失业人员中从制造业失业的人员占比（负向指标）
	就业公平性	女性失业人员从制造业失业占比与男性失业人员从制造业失业占比的比值 / 倍	城镇女性失业人员中从制造业失业的人员占比与城镇男性失业人员中从制造业失业的人员占比的比值（负向指标）
工资	工资竞争力	制造业就业人员平均工资与全体就业人员平均工资的比值 / 倍	城镇非私营单位制造业就业人员平均工资与非私营单位就业人员平均工资的比值（正向指标）

续表

一级评价维度	二级评价维度	评价指标 / 单位	评价指标定义（方向）
工资	工资差距	制造业非私营单位就业人员平均工资与私营单位就业人员平均工资的比值 / 倍	城镇非私营单位制造业就业人员平均工资与城镇私营单位制造业就业人员平均工资的比值（负向指标）
	工资增长	制造业平均工资增长率与制造业增加值增长率的比值 / 倍	城镇非私营单位制造业就业人员平均工资增长率与制造业增加值增长率的比值（正向指标）
劳动者	素质结构	制造业大专及以上学历就业人员占比 /%	制造业就业人员中大专及以上学历人员占比（正向指标）
	年龄结构	制造业 16~34 岁就业人员占比 /%	制造业城镇就业人员中 16~34 岁人员占比（正向指标）
工作时间	工作时间构成	制造业周工作时间在 48 小时以上人员占比 /%	制造业城镇就业人员中周工作时间在48小时以上人员占比（负向指标）
	工作和生活平衡	制造业周平均工作时间与城镇周平均工作时间的比值 / 倍	制造业就业人员周平均工作时间与城镇就业人员周平均工作时间的比值（负向指标）

（二）制造业就业质量水平指数的构建

制造业就业质量水平指数是对制造业就业质量水平评价指标体系中全部具体指标进行综合评价后，以年为单位，将11项指标对应的数据进行标准化处理得到的指标值进行加总，最终形成各年度的总分值。该指数值反映各年度制造业就业质量整体水平及变动态势，并可进一步分析和比较各维度指标对总指数值的贡献度，以及历年来各维度指标贡献度的变化趋势。

基于此，依据制造业就业质量评价指标体系拟合制造业就业质量水平指数。11项评价指标的缩写表达如表2-2所示，用$ManuE_i$表示制造业就业质量水平指数，公式（1）如下：

$$ManuE_i = \gamma_j Emp_{ji} + \delta_k Wag_{ki} + \varepsilon_n Lab_{ni} + \rho_n Tim_{ni} \qquad (1)$$

其中，$i = 2008, 2009, \ldots, 2021; j = 1, 2, 3, 4; k = 1, 2, 3; n = 1, 2$。

表 2–2　制造业就业质量评价指标值的描述性统计分析（2008—2021 年）

评价指标（缩写）/ 单位	最大值	最小值	平均值	中位数	标准差	2021 年数值
城镇新增制造业就业人数（Emp_1）/ 万人	403.21	311.92	376.51	383.85	25.89	348.98
制造业就业人数中战略性新兴制造业就业人数占比（Emp_2）/%	77.11	54.95	68.31	71.39	8.26	77.11
城镇失业人数中制造业失业人数占比（Emp_3）/%	33.40	20.80	26.27	25.25	4.21	20.8
制造业女性失业人员占比与制造业男性失业人员占比的比值（Emp_4）/ 倍	0.91	0.83	0.87	0.87	0.02	1.08
制造业就业人员平均工资与全体就业人员平均工资的比值（Wag_1）/ 倍	1.55	1.41	1.47	1.46	0.04	0.87
制造业非私营单位就业人员平均工资与私营单位就业人员平均工资的比值（Wag_2）/ 倍	6.87	0.62	1.87	1.37	1.68	1.45
制造业平均工资增长率与制造业增加值增长率的比值（Wag_3）/ 倍	17.60	7.80	14.18	15.65	3.54	0.62
制造业大专及以上学历就业人口占比（Lab_1）/%	50.60	37.90	43.99	44.55	3.68	17.3
制造业 16~34 岁就业人口占比（Lab_2）/%	44.30	33.60	37.23	36.79	2.93	37.9
制造业周工作时间在 48 小时以上人口占比（Tim_1）/%	1.09	1.03	1.05	1.04	0.02	44.3
制造业周平均工作时间与城镇周工作时间的比值（Tim_2）/ 倍	1.08	0.84	0.93	0.94	0.07	1.06

使用熵值法确定制造业就业质量水平评价指标体系全部具体指标的权重。熵值法是确定评价指标体系中各指标权重的一种客观赋权法，是根据客观环境所提供的原始信息来决定指标权重的方法。熵值法避免人为主观影响，使指标的赋权更为科学，尤其适用于分析制度变迁、技术进度等对客观环境、系统结构等带来的影响。制造业就业质量水平的提升，暗含了制度调整和技术进步对劳动者与生产资料结合状况的优化，符合熵值法使用的基本条件。

第一步，将就业质量具体指标的量纲和数量级作正规化处理，获得横向的可比性和实用性。在正规化过程中，需要区分指标走向对就业质量整个系统的意义。当单个指标值越大，对就业质量提高越有利时，采用正向指标计算方法，如公式（2）：

$$\chi_{ij}=\frac{X_{ij}-min\left\{X_{j}\right\}}{max\left\{X_{j}\right\}-min\left\{X_{j}\right\}} \tag{2}$$

当单个指标值越小，对就业质量提高越有利时，采用负向指标计算方法，如公式（3）：

$$\chi_{ij}=\frac{max\left\{X_{j}\right\}-X_{ij}}{max\left\{X_{j}\right\}-min\left\{X_{j}\right\}} \tag{3}$$

其中，χ_{ij}为正规化处理后的指标，$max\left\{X_{j}\right\}$为所有年份指标值中的最大值，$min\left\{X_{j}\right\}$为所有年份指标值中的最小值，i为年份，j为指标项。

第二步，计算第i年的第j项指标值所占的比重，用ω_{ij}表示，其中$\omega_{ij} = \frac{\chi_{ij}}{\sum_{i=1}^{m}\chi_{ij}}$，$m$为年数。

第三步，计算指标的信息熵值和信息熵冗余度。用e_j表示信息熵值，计算公式为$e_j = -\frac{1}{\ln m}\sum_{i=1}^{m}\left(\omega_{ij} \times \ln \omega_{ij}\right)$，$0 \leqslant e_j \leqslant 1$，$m$为年数；信息熵冗余度用$d_j$表示，计算公式为$d_j = 1 - e_j$。

第四步，根据信息熵冗余度计算具体指标的权重，$\varphi_j = \frac{d_j}{\sum_{j=1}^{n} d_j}$，$n$为评价指标体系全部具体指标的数量。

将计算结果代入制造业就业质量水平指数的公式（1），形成公式（4）：

$$ManuE_i = 0.0464Emp_{1i} + 0.1091Emp_{2i} + 0.0890Emp_{3i} + 0.0782Emp_{4i} + 0.0766Wag_{1i} + 0.2631Wag_{2i} + 0.0829Wag_{3i} + 0.0955Lab_{1i} + 0.0489Lab_{2i} + 0.0443Tim_{1i} + 0.0659Tim_{2i} \quad (4)$$

其中，$i = 2008, 2009, \ldots, 2021$。

四、制造业就业质量水平的测度和主要发现

（一）2008年以来制造业就业质量水平变化

依据制造业就业质量水平评价指标体系，利用国家统计局、人力资源社会保障部公开发布的相关指标数据，综合计算各年度制造业就业质量水平指数。

第一步，计算第i年的第j项指标的分值。将第j项指标在第i

年的正规化值χ_{ij}乘以其权重φ_j，得到分值$S_{ij}=\varphi_j\chi_{ij}$。

第二步，加总第i年全部具体指标的分值，得到第i年制造业就业质量水平指数，计算公式为$S_I=\sum_{j=1}^{n}S_{ij}$。

计算结果如图2–1所示，由于对选取的指标作了正规化处理，制造业就业质量水平指数的取值范围在（0，1）之间。此外，在选定期内，就业质量水平指数的高低仅表示一个相对水平，而非一个绝对量，也就是说，改变选定期，同一年份的就业质量水平指数会有所不同。2008年以来，我国制造业就业质量水平总体呈现“N”形走势。具体而言，2009年，制造业就业质量水平降至近年来的最低值0.196，2010年开始逐年回升，2015年攀至最高值0.698，2016年开始掉头向下，2019年降至0.521，到2021年进一步降至0.413。目前，制造业就业质量水平仍处于下降通道，若不施以政策干预，“十四五”期间，制造业就业质量水平大概率会跌破0.35。

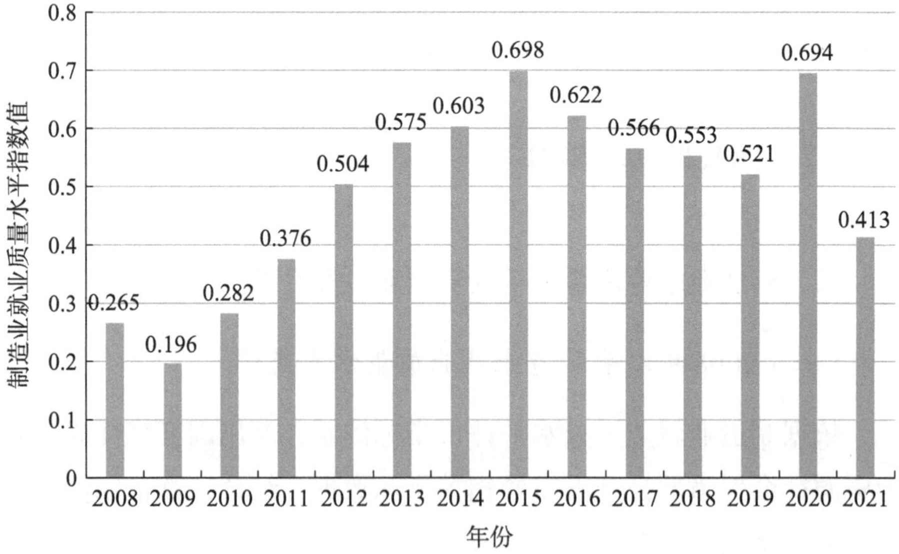

图2–1　2008—2021年我国制造业就业质量水平指数及其变化

值得注意的是，2020年，制造业就业质量水平逆势冲高至0.694。究其原因，新冠疫情暴发以后，我国出台了一揽子的“惠企稳岗、减负保民生”政策措施，各项政策措施的出台落地，对稳定制造业就业岗位、提振信心和增加收入都起到了显著的积极作用。

（二）制造业就业质量水平指数值的贡献度比较

制造业就业质量水平指数值变化的主要原因是，各维度对其贡献发生了较大变化。从一级评价维度的贡献度看，2009—2015年，就业、工资和劳动者三个维度，对制造业就业质量水平指数值的提高都起到了重要的支撑作用。2015—2021年，就业维度的支撑作用凸显。特别是在2021年，就业维度的贡献度超过了50%。需要注意的是，2020年，工资对制造业就业质量水平指数值的贡献起到了决定性作用。

从二级评价维度的贡献度看，2009年劳动者年龄结构、就业公平性和工资增长三大因素，对制造业就业质量水平指数值起到了主要支撑作用。2015年工资增长上升为第一大因素，第二、第三大因素分别为就业结构和劳动者素质结构。2020年工资增长依然是第一大因素，第二、第三大因素分别为就业结构和就业稳定性。2021年就业结构上升为第一大因素，第二、第三大因素分别为就业稳定性和劳动者素质结构。

一级评价维度对制造业就业质量水平指数值的贡献度如表2-3所示。2009—2015年，在对制造业就业质量水平指数值起到主要支撑作用的因素中，第一大因素从就业（贡献度为38.24%）变为工资（贡献度为38.69%），第二大因素从劳动者（贡献度为31.41%）变为就业（贡献度为30.46%）。同时，劳动者结构正在发生深刻变化，对制造业就业质量水平指数值的贡献度明显下降，从2009年的31.41%降至2015年17.48%。可见，2015年，劳动报酬越发体面，就业状况保持良好，共同推动制造业就业质量水平指数值攀升至历史高点。

2015—2021年，在对制造业就业质量水平指数值起到主要支撑作用的因素中，第一大因素从工资变回就业。2021年，就业的贡献度高达52.50%，第二大因素是工资，但贡献度只有22.70%。同时，劳动者结构变化对制造业就业质量水平指数值的贡献度出现小幅回升，2021年劳动者的贡献度比2015年提高近2个百分点，达到19.43%。可见，2015年以后，就业状况保持良好是决定制造业就业质量好坏的关键因素。

值得注意的是，2020年，受益于政策因素，工资对制造业就业质量水平指数值起到了显著的支撑作用，贡献度高达50.18%，就业仅处于第二位，贡献度为31.05%。2020年，工资刚性作用对制造业就业质量起到了决定性的支撑作用。

表2-3　重点年份一级评价维度对制造业就业质量指数贡献度

单位：%

一级评价维度	2009年	2012年	2015年	2019年	2020年	2021年
就业	38.24	35.78	30.46	40.25	31.05	52.50
工资	15.22	27.36	38.69	29.13	50.18	22.70
劳动者	31.41	21.54	17.48	18.01	11.55	19.43
工作时间	15.13	15.32	13.37	12.61	7.22	5.36

进一步看，二级评价维度对制造业就业质量水平指数值的贡献度如表2-4所示。2009—2015年，在对制造业就业质量水平指数值起到主要支撑作用的因素中，第一大因素从劳动者年龄结构（贡献度为27.96%）变为工资增长（贡献度为20.09%），第二大因素从就

业公平性（贡献度为19.57%）变为就业结构（贡献度为11.58%），第三大因素从工资增长（贡献度为15.22%）变为劳动者素质结构（贡献度为10.91%）。可见，2015年，劳动报酬实现合理和稳步增长、就业结构升级、高学历劳动者占比提高，为制造业就业质量水平指数值攀升至历史高点作出了突出贡献。

2015—2021年，在对制造业就业质量水平指数值起到主要支撑作用的因素中，第一大因素从工资增长变为就业结构（贡献度为26.40%），第二大因素从就业结构变为就业稳定性（贡献度为21.54%），第三大因素依然是劳动者素质结构（贡献度升至19.43%）。可见，2015年以后，就业结构升级、高学历劳动者占比提高，对制造业就业质量水平指数值提高发挥了稳健的支撑作用，同时，就业稳定性的支撑作用明显增强。

值得注意的是，2020年，对制造业就业质量水平指数值起到主要支撑作用的因素中，工资增长依然是第一大因素，贡献度高达37.90%，相比其他因素，这一贡献度具有绝对优势。第二、第三大因素分别为就业结构和就业稳定性，两者的贡献度分别为15.36%和12.52%。随着援企稳岗保民生政策实施，对保持工资增长和稳定就业都起到了显著的积极作用，对提高制造业就业质量更发挥了关键的作用。

表2–4 重点年份二级评价维度对制造业就业质量指数贡献度

单位：%

二级评价维度	二级评价维度	2009年	2012年	2015年	2019年	2020年	2021年
就业	就业机会	11.40	8.67	5.48	4.92	0.00	4.56
	就业结构	3.31	15.10	11.58	19.12	15.36	26.40
	就业稳定性	3.96	5.47	7.49	14.10	12.52	21.54
	就业公平性	19.57	6.54	5.90	2.11	3.16	0.00

续表

二级评价维度	二级评价维度	2009 年	2012 年	2015 年	2019 年	2020 年	2021 年
工资	工资竞争力	0.00	11.64	8.40	5.62	2.82	9.46
	工资差距	0.00	7.61	10.20	7.35	9.46	13.24
	工资增长	15.22	8.11	20.09	16.15	37.90	0.00
劳动者	素质结构	3.44	8.39	10.91	15.41	11.33	19.43
	年龄结构	27.96	13.14	6.58	2.60	0.22	0.00
工作时间	工作时间构成	15.13	7.99	7.01	5.53	2.96	0.00
	工作和生活平衡	0.00	7.34	6.36	7.09	4.26	5.36

五、启示和建议

（一）研究启示

1. 就业结构升级、高学历劳动者占比提高以及就业稳定性强，为制造业就业质量提高起到了稳健的支撑作用，是“十四五”乃至更长一段时期推动制造业就业质量进一步提高的重要力量

首先，党的二十大报告提出，实施产业基础再造工程和重大技术装备攻关工程，支持专精特新企业发展，推动制造业高端化、智能化、绿色化发展。推动战略性新兴产业融合集群发展，构建新一代信息技术、人工智能、生物技术、新能源、新材料、高端装备、绿色环保等一批新的增长引擎。随着战略性新兴产业投资力度持续加大，国内外各类所有制企业积极布局战略性新兴产业，将带动就业结构朝着高端化、技术化、知识化方向升级。

其次，我国高等教育已经迈入大众化阶段，近年来，高等教育毛入学率稳步提高，为劳动力市场持续输送高学历劳动力，更为制造业高质量发展注入了新智力。2022年，我国高等教育毛入学率达到59.6%，比2021年提高1.8个百分点。

最后，受益于2018年7月党中央提出的“六稳”“六保”政策，制造业实现平稳发展和稳中有进，宏观政策对制造业中小微企业降本增效、减负纾困、稳岗扩岗的支持力度持续加强，最大限度避免了规模性裁员和群体性失业。

2.就业人员老龄化、工资增长乏力、超时工作人员占比提高以及就业公平性，是影响制造业就业质量的四个薄弱环节

首先，人口结构变化导致适龄青年工人供给减少，加之深受“宁送外卖，不进工厂”“惟愿坐办公室”等就业观念干扰，制造业青年就业人口比重持续下降。2021年，制造业16~34岁就业人口占比仅为37.9%，而2008年该指标值为45.5%，前者比后者降低了7.6个百分点。

其次，企业普遍缺少工资正常增长机制，即使设有工资增长制度，但却存在不科学、不规范的问题，致使制造业工资水平过度依赖加班费，与企业生产经营和经济效益的关联度低。2021年，制造业平均工资增长率与制造业增加值增长率的比值是0.62，而2008年该指标值为0.89，前者比后者减少了0.27。

再次，持续加班甚至超时工作影响了制造业就业岗位的质量。《中华人民共和国劳动法》第三十六条规定，国家实行劳动者每日工作时间不超过八小时、平均每周工作时间不超过四十四小时的工时制度。第四十一条规定，因特殊原因需要延长工作时间的，在保障劳动者身体健康的条件下延长工作时间每日不得超过三小时，但是每月不得超过三十六小时。2021年，制造业城镇就业人员周工作时间在48小时以上人口占比高达44.3%，比2008年提高了8.5个百分点。

最后，就业公平性下降，制造业对女性劳动者不友好的现象正在加重。2021年，城镇女性失业人员中从制造业失业的人员占比为21.5%，而城镇男性失业人员中从制造业失业的人员占比仅为19.9%，前者比后者高了1.6个百分点。回顾2008年，城镇女性失业人员中从制造业失业的人员占比是30.8%，城镇男性失业人员中从制造业失业的人员占比是36.3%，前者比后者低了5.5个百分点。

（二）对策建议

第一，多渠道增加劳动力供给，缓解缺工压力。推动城市户籍制度改革，逐步建立与劳动力自由流动相适应的城市人口管理办法。努力提高制造业企业的自动化和智能化制造水平，加大提供智能制造专项补贴的力度。加大对生产性服务业的投入。已有的研究表明，对生产性服务业的投入越大，其发展水平越高，制造业的转型升级水平就越高。生产性服务业不仅能推动制造业的转型升级，而且能吸引青年从事与制造业相关的服务业，吸纳智能制造淘汰下来的低技能劳动力，以实现转岗就业。

第二，建立和完善工资正常增长机制，将企业发展与职工工资增长相结合。根据本企业生产经营状况、经济效益及工资水平，参照工资增长指导线，合理制定职工年度工资增长计划，形成工资增长的长效机制。凡因各种原因企业当年不能增加职工工资的，应向工会组织和职工代表说明情况。此外，企业要关注一线职工工资分配问题，对工资水平低于当地职工平均工资50%或两年以上不增长工资以及工资增长缓慢的一线职工，在安排工资增长时，要予以倾斜。要采取有力措施，保障一线职工的工资随企业的发展而提高。实行计件工资制度的企业，要合理制定计件单价，并随着经济效益的增长，适时提高计件单价。两年未调整计件单价的企业，应当开展工资集体协商。

第三，加大对超时加班的整治力度，保护劳动者健康和休息休假权。进一步细化相关规定，包括如何处罚超时加班、如何定义和区分必要性加班和非合理性加班，完善相关制度和细则，加强规范落地的可行性和有效性，引导企业自觉尊重和执行规定。加强监管部门的监督和检查，监管部门和社会舆论方面应该对于超时加班现象给予更多关注，督促企业严格遵守劳动法律法规，曝光不良典型，发掘表彰好的典型。畅通员工内部的监督和举报维权渠道，劳动者面临强迫或者半强迫超时加班的，应该勇于、善于依法维权。企业管理者要转变过分使用劳动者的错误观念，树立依法依规管理的正确理念，不再强迫或变相强迫劳动者过度加班，积极倡导不加班文化。

第四，优化性别平等的就业环境，加强女性职业技能培训。加强立法工作，保障劳动者平等就业权，加强对遭遇就业性别歧视女性劳动者的司法帮助。规范招聘流程，不得以性别、婚育状况等条件不招录女性员工，减少就业招聘中的隐性性别歧视。加强女性职工劳动权益保障，加强监督力度，坚决查处发布含有性别歧视内容招聘信息的行为。完善女性终身学习制度，从技能性、知识性、实用性角度出发，对女性提供有针对性的职业技能培训，培育知识技术型的女性劳动者。对偏远地区、农村地区有就业意愿的女性，结合当地特色、主导产业、电商平台等多种要素，对女性就业者进行岗前培训，促进人岗匹配。对向非农职业转移的农村女性提供免费或普惠型职业技能培训项目，支持转移就业。

第三章 分区域分行业制造业就业带动效应

内容提要：就业是民生之本，制造业关系国家经济命脉，研究制造业就业带动效应在当前稳就业的形势下具有重要意义。本章在以往相关研究的基础上，从分区域分行业角度深入研究制造业就业带动效应。研究发现，制造业就业人数和占比呈倒U形趋势，制造业就业弹性系数存在较大波动性。分区域看，制造业就业人数存在较大省级差异，部分省份就业弹性系数转为负值；制造业就业人口开始向中西部转移，中西部依然保持制造业就业正向带动效应。分行业看，制造业细分行业就业人数存在两极分化，计算机、通信和其他电子设备制造业占比最高；制造业细分行业就业人数发生重大转变，正由劳动密集型向技术密集型行业转变；部分行业就业弹性系数由正转负，新兴行业就业带动作用显现。建议优化制造业结构，培育更多制造业就业增长点；提升制造业盈利能力，增强制造业就业吸引力；强化职业技能培训，壮大高素质技能人才队伍；完善公共就业服务，构建和谐劳动关系。

制造业发展和就业有着密不可分的关系，制造业在增加就业总量和改善就业结构方面长期发挥着积极作用，制造业不仅是我国城镇化进程中吸收就业的关键，也是服务业快速发展和创造更多就业新增长点的基础。但近年来，我国制造业就业出现就业数量和占比过早过快下滑的现象。制造业对于维护我国产业链供应链韧性和安全水平至关重要，大规模全体系的制造业是我国经济发展的比较优势所在，也是维护产业链供应链韧性和安全的重要依托。已经有较多学者对制造业就业总量和就业结构的影响因素进行了研究，但是缺乏分区域分行业的细分研究，本章利用宏观制造业和就业数据，对制造业在不同区域和细分行业的就业带动效应进行分析，从而为稳定制造业就业对症施策。

一、分区域制造业就业带动效应

我国地域广阔，区域间经济社会发展差异较大，目前正在进行从东部沿海地区到中西部地区的产业转移，从区域角度研究制造业就业的带动效应有助于国家因地制宜分区域进行施策。

（一）制造业就业人数和占比呈倒U形趋势，制造业就业弹性系数存在较大波动性

近年来，我国规模以上制造业企业就业人数变化趋势整体上呈现先上升后下降的倒U形趋势，2014年是拐点[1]。规模以上制造业企业就业人数从2000年的4161万人，波动上升到2014年的8817万人，此后开始进入下行通道，2021年波动下降到7117万人。与此同时，制造业规模以上企业就业人数占总就业人数比重也呈现了相同的趋势。2000年占比为5.77%，然后波动上升到2014年的11.41%，2021年下降到9.53%（见图3–1）。

为什么制造业就业人数和占比呈倒U形下滑的趋势？其中可能的原因是，2014年后以智能制造技术、人工智能和数字化技术等为代表的中高端制造业蓬勃发展，从而产生了先进技术设备对劳动

[1] 由于《中国工业经济统计年鉴》中2003年、2004年、2012年规模以上制造业企业就业人数数据缺失，为了便于后面就业弹性系数的计算，这里用插值法进行补齐处理。

力的替代，导致我国制造业就业总量的下降。同时，我国部分中低端制造业发展缓慢，削弱了就业吸纳能力，更挤出了部分剩余劳动力，使其转移到其他产业如服务业。

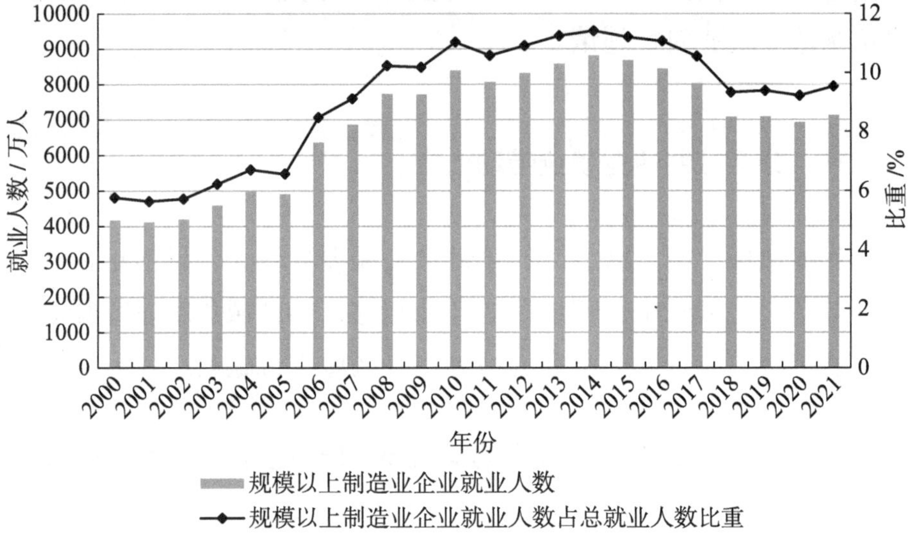

图3-1　2000—2021年我国规模以上制造业企业就业人数和占比情况

本章中就业带动效应测量主要采用就业弹性系数，就业弹性系数是就业人数增长率与GDP增长率的比值，即GDP增长1个百分点带动就业增长的百分点，系数越大，吸收劳动力的能力就越强，反之则越弱。就业弹性系数为正值时，说明经济增长对就业有正向带动效应；且数值越大，说明经济增长对就业的带动效应越大，反之亦然。就业弹性系数为负值时，表明经济增长对就业的作用是一种“挤出”效应，此时就业弹性系数绝对值越大，表明对就业的“挤出”效应越大，反之亦然。如图3-2所示，制造业就业弹性系数整体上呈现较强的波动性，2000—2021年，仅有2000年、2001年、2005年、2011年、2015年、2016年、2020年是负值，其余15

个年份是正值，说明制造业对就业具有正向带动作用。从系数数值来看，2000—2017年制造业对就业的带动作用呈现增大的趋势，在2017年后达到峰值1.8188，但2017年后这种正向带动作用逐渐减小，到2020年达到谷底，系数为–1.1902，2021年又有所上升，回到0.1381。

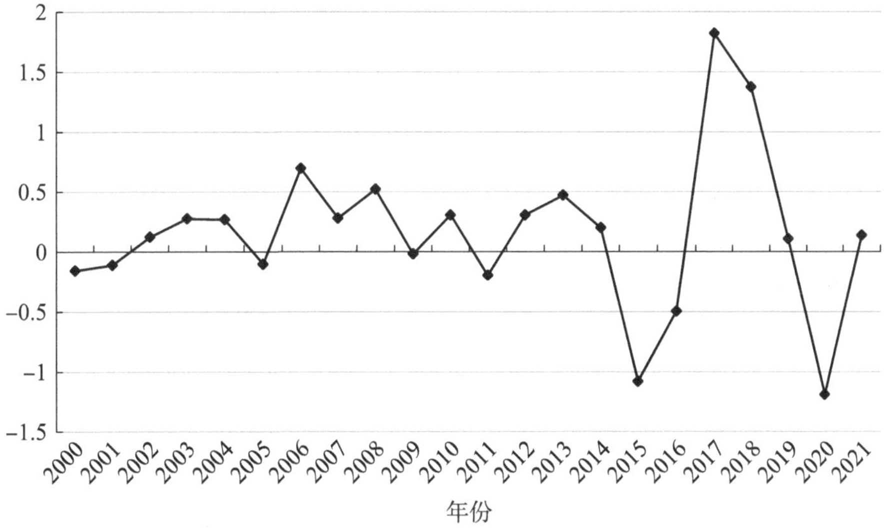

图3-2　2000—2021年我国制造业就业弹性系数变化情况

如何解释这种在长期上的正向带动效应？决定长期就业弹性的主要是经济增长模式或要素投入结构。自20世纪90年代以来我国经济增长模式并没有发生根本性变化，那么就不应该期望长期就业弹性会出现太大幅度的下滑，而是仍应维持在较高水平。就制造业而言，较高的长期就业弹性主要源自刘易斯式工业化模式的长期延续。21世纪初我国加入世界贸易组织（WTO），工业部门被纳入世界经济循环体系，基于比较优势的工业发展战略获得了喘息的机会。强劲的出口需求和劳动剩余条件使刘易斯工业化模式再现活力，制造业发展对劳动要素的强依赖性并没有被撼动。

为什么制造业短期内又会出现负向的就业“挤出”效应？就业弹性不仅取决于经济增长模式或要素投入结构，还取决于市场的调整速度。2000—2021年，制造业就业弹性系数的最低点是在2020年，其主要原因在于特朗普上任后发动的中美贸易摩擦，中美贸易摩擦从2018年下半年一直持续到2020年上半年，其对整个制造业产业链的影响却存在滞后效应，2018年制造业就业弹性系数尚处于1.3718的高位，受中美贸易摩擦影响，2019年下降到0.1089，而2020年就业弹性系数则为负数。中美贸易摩擦之后，2021年就业弹性系数又回升到0.1381的正值。

（二）制造业就业人数存在较大省际差异，部分省份就业弹性系数转为负值

当前，我国制造业就业人数存在较大的省际差异，如表3-1所示，2020年制造业就业人数仍保持在400万人以上的有广东、江苏、浙江、山东等省份，其中广东制造业就业人数最多，达到约1280万人；其次是江苏，约为838万人；第三是浙江，约为671万人；山东排名第四，约为483万人。从变化趋势来看，2020年，我国有24个省份制造业就业人数相比2000年有所增加，增加最多的是广东，增幅约为832万人，其次是江苏增幅超过400万人。有7个省份制造业就业人数比2000年有所下滑，下滑幅度最大的是黑龙江，降幅约为31万人；其次是甘肃，降幅约为23万人；第三是辽宁，降幅约为11万人。

利用分省数据计算各省份2010年和2020年就业弹性系数，如表3-1所示，2010年除黑龙江、贵州、西藏、甘肃就业弹性系数为负值外，其余省份就业弹性系数为正值，反映出制造业对就业有正向带动作用。其中广东、福建、浙江、江苏、辽宁就业弹性系数值

都在0.5以上，反映出这5个省份的制造业对就业的带动能力更强。而2020年就业弹性系数发生较大变化，北京、天津、河北、山西、内蒙古、辽宁、吉林、上海、江苏、浙江、山东、海南、甘肃、青海等14个省份的为负值，反映出这些省份的制造业对增加就业有负面作用。其中辽宁、甘肃、山东、上海、吉林的数值低于-0.5，反映出这些省份的制造业对增加就业的负面作用更强。而黑龙江、新疆、江西为正值且大于或接近0.5，反映出这些省份的制造业对就业的正向带动作用更强。

表3-1　重点年份各省制造业就业人数和就业弹性系数变化情况

省份	2000年就业人数/万人	2015年就业人数/万人	2020年就业人数/万人	2010年就业弹性系数	2020年就业弹性系数
北京	76.45	97.95	70.63	0.2380	−0.4414
天津	81.78	118.97	97.69	0.2558	−0.3478
河北	185.23	257.95	234.91	0.2040	−0.1606
山西	100.24	108.9	90.01	0.0331	−0.4630
内蒙古	45.91	72.58	51.01	0.1872	−0.2811
辽宁	168.15	305.38	157.25	0.5385	−2.0139
吉林	67.8	95.45	58.34	0.1966	−0.5362
黑龙江	71.84	71.64	40.88	−0.0026	2.1650
上海	159.86	245.27	180.14	0.4068	−0.6876
江苏	428.78	1006.01	838.25	0.6043	−0.1718
浙江	321.59	670.9	670.55	0.6166	−0.0006
安徽	92.83	186.8	256.43	0.3189	0.2935
福建	106.01	260.48	401.82	0.6708	0.3902
江西	65.67	146.12	223.93	0.3053	0.4940
山东	409.86	721.32	483.35	0.3631	−0.6763

续表

省份	2000 年就业人数 / 万人	2015 年就业人数 / 万人	2020 年就业人数 / 万人	2010 年就业弹性系数	2020 年就业弹性系数
河南	207.21	331.01	405.86	0.2185	0.3647
湖北	154.33	247.6	258.64	0.2006	0.0469
湖南	111.91	202.83	287.33	0.2702	0.3797
广东	447.01	1159.44	1279.88	0.7740	0.1237
广西	61.11	108.87	111.04	0.2952	0.0249
海南	6.84	9.06	8.72	0.1994	−0.0622
重庆	67.62	112.18	151.12	0.3152	0.2527
四川	149	253.72	260.75	0.2117	0.0306
贵州	45.22	41.26	51.22	−0.0411	0.1127
云南	47.47	58.15	60.28	0.1132	0.0337
西藏	1.32	0.85	1.03	−0.1840	0.0733
陕西	83.42	104.16	120.04	0.0767	0.1457
甘肃	53.98	47.86	30.74	−0.0441	−0.8859
青海	7.87	12.63	9.83	0.1929	−0.1556
宁夏	13.55	18.88	20.11	0.1320	0.0550
新疆	23.65	33.08	46.41	0.1403	0.5751

省际制造业就业人数以及就业弹性系数的差异，与省际工业产业的差异存在正相关。工业增加值因包含了每年工业领域的利润、税收产出、折旧以及薪酬等指标，能非常全面地评估各地工业规模，且与工业相关的投入、产出以及就业状况都高度正相关。剔除核算尺度方面的问题，对评估各地区工业发展现状具有极大参考作用。截至2022年末，广东、江苏两省的工业增加值都已高达4.8万亿元左右，要比其后的浙江、山东高出近2万亿元，而后两者又遥遥领先其余省份，因此国内工业格局俨然形成“两超+两强”的格

局。与浙江起步模式类似的福建的工业增加值在2022年度高达1.96万亿元，其后是河南、四川、湖北、湖南、河北、安徽、陕西、江西、上海等省份。这与制造业就业人数省际排名类似。

（三）制造业就业人口开始向中西部转移，中西部依然保持制造业就业正向带动效应

东部地区制造业就业人数是全国最多的，其次是中部地区、西部地区，东北地区最少，因为东北地区只包括黑吉辽3个省份。2020年，东部、中部、西部和东北地区制造业就业人数占全国的比重分别为61%、22%、13%和4%。从变化趋势来看，东部地区、东北地区与全国情况类似，呈现制造业就业人数先上升后下降的趋势。而中部地区、西部地区在2010年、2020年都呈现出逐渐增长的趋势（见图3-3）。

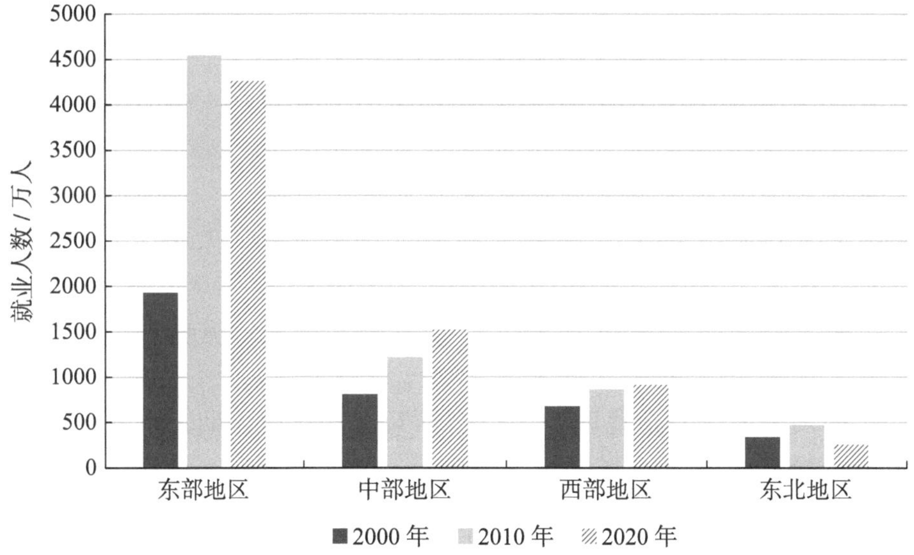

图3-3　重点年份我国分区域制造业就业人数变化情况

2010年，东部、中部、西部及东北地区制造业就业弹性系数均为正值，表现出制造业对就业有正向带动效应。而到2020年区域间开始出现分化，东部地区和东北地区就业弹性系数开始转为负值，体现出制造业对就业有负面效应，东北地区的就业弹性系数高达-2.52，反映出东北地区制造业对就业有较强的负面效应，这可能与东北地区经济发展整体乏力、青壮年人口流出有关系。而中西部地区就业弹性系数依然保持正值，反映出制造业对就业有正面带动效应，中部地区就业弹性系数还有所增长，从0.17增长到0.28，反映出制造业对就业的正面带动效应增强（见图3-4）。

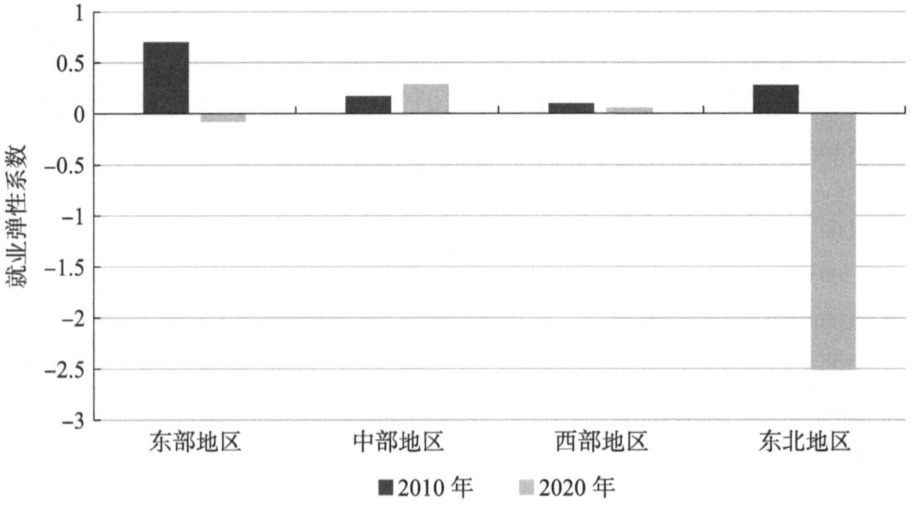

图3-4　2010年和2020年我国分区域制造业就业弹性系数变化情况

中西部地区制造业就业人数增长与保持就业正向带动效应的原因，可能与制造业尤其是劳动密集型的制造业向中西部转移有关，也可能与东部地区的流动人口向中西部地区回流有关。自2018年初以来，随着制造业生产向珠江三角洲和长江三角洲以外的地区扩展，我国中西部15个省份的出口猛增了94%。在截至2023年8月的前12个月里，这些省份的出口总额达到6300亿美元，超过了同期印度的4250亿美元、墨西哥的5900亿美元和越南的3460亿美元。相比之下，自2018年初以来，印度的出口只增长了41%，墨西哥的出口增长了43%，越南的出口增长了56%。随着制造业发展，人口也向中西部回流。自2000年开始，流动人口在区域之间分布朝着更加均衡的方向发展，东部地区虽然仍是流动人口最主要的流入地，但东部地区流动人口的占比在2020年已经下降到了46.9%。与之相对应的是，中部地区和西部地区流动人口占比出现了明显上升，分别从2000年的15.8%和22%上升到了2020年的21.6%和24.5%。同时，人口从东部地区回流中西部地区的现象在近年也逐渐显现。当前的人口流向，已经不仅是由中西部流到东部的迁移流所主导，近年来，中西部的一些城市，因为其良好的发展势头，已经开始成为流动人口新的增长点。

二、分行业制造业就业带动效应

（一）制造业细分行业就业人数存在两极分化，计算机、通信和其他电子设备制造业占比最高

2020年，计算机、通信和其他电子设备制造业就业人数占比最高，占制造业就业人数的13.22%；第二是电气机械和器械制造业，占比为8.06%；第三是非金属矿物制品业，占比为6.60%。占比在4%以上的从高到低依次还有汽车制造业、通用设备制造业、金属制品业、化学原料和化学制品制造业、专用设备制造业、纺织业、农副食品加工业。占比在1%以下的有化学纤维制造业、烟草制品业、其他制造业（见图3-5）。

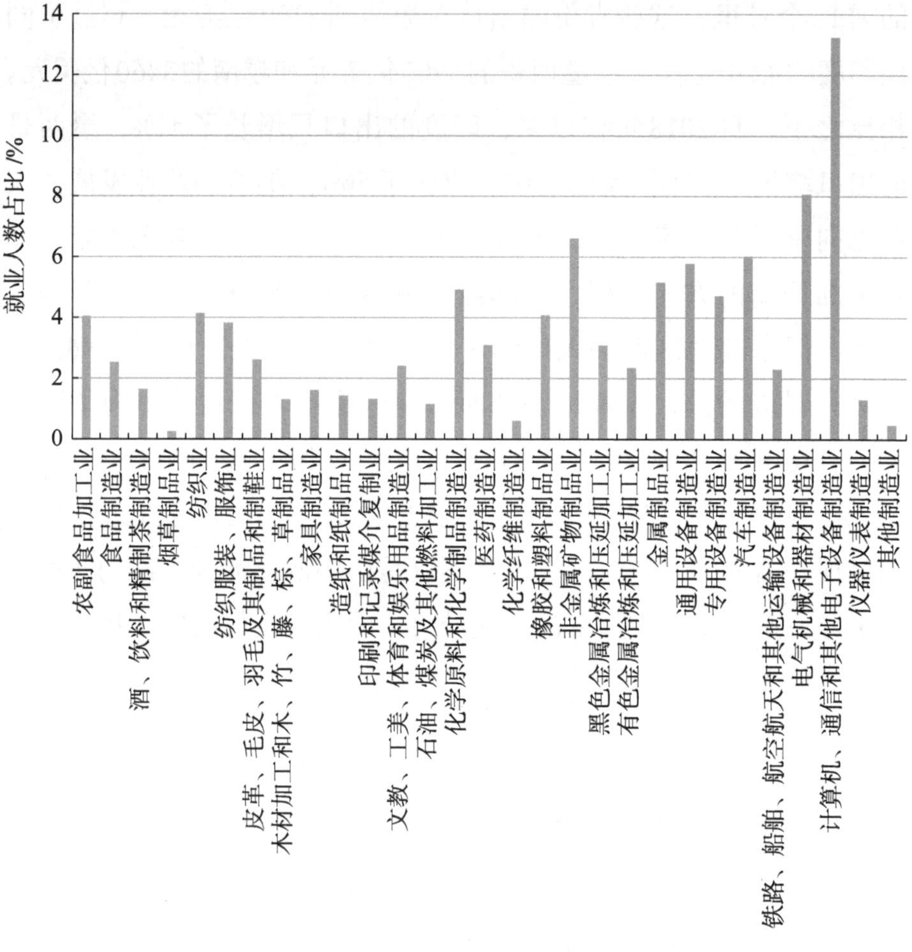

图3-5　2020年我国制造业各行业就业人数占比情况

计算机、通信和其他电子设备制造业就业人数占比最高与我国近些年大力发展电子信息产业有关系。以无锡市为例，仅在2017年一系列集成电路相关项目落地：2017年8月2日，签约引进无锡历史上单体投资规模最大、总投资100亿美元的上海华虹无锡基地项目。2017年10月12日，签约引进建设全国最大规模、总投资30亿美元的天津中环集成电路用大硅片研发生产项目。2017年10月29日，SK海力士与无锡市政府签约，将在无锡兴建第二座晶圆厂，投资86亿美元。其中仅华虹无锡项目一期就带来了1500~2000人的就业缺口。

（二）制造业细分行业就业人数发生重大转变，正由劳动密集型向技术密集型行业转变

2000年，制造业分行业就业人数主要集中在劳动密集型行业和重化工行业，如纺织业、非金属矿物制品业、化学原料和化学制品业、黑色金属冶炼和压延加工业等。2010年，制造业分行业就业人数排名前列的依次是计算机、通信和其他电子设备制造业，纺织业，电气机械和器械制造业，既包括劳动密集型也有技术密集型行业。2020年，计算机、通信和其他电子设备制造业，电气机械和器械制造业、非金属矿物制品业等位居前列，与2000年相比，制造业就业人数已主要集中在技术密集型的行业（见表3-2）。

（三）部分行业就业弹性系数由正转负，新兴行业就业带动作用显现

从分行业的就业弹性系数来看，如表3-2所示，2010年就业弹性系数除烟草制品业外均为正值，这反映在这段时间大多数细分行业对就业发挥了正向带动作用。带动作用较为明显的是汽车制造业，计算机、通信和其他电子设备制造业，家具制造业，纺织服装、服饰业。2020年就业弹性系数相较2010年发生较大变化，最明显的变化就是部分细分行业就业弹性系数变为负值，其中对就业负向作用较为突出的行业有纺织服装、服饰业，木材加工和木、竹、藤、棕、草制品业，皮革、毛皮、羽毛及其制品和制鞋业，造纸和纸制品业，化学原料和化学制品制造业，农副食品加工业等行业，但是仍然有些行业对就业有正向的带动效应，排名前列的是纺

表 3–2 重点年份制造业分行业就业人数和就业弹性情况

行业	2000 年就业人数 / 万人	2010 年就业人数 / 万人	2020 年就业人数 / 万人	2010 年就业弹性系数	2020 年就业弹性系数
农副食品加工业	167.9	369.01	279.19	0.1335	−0.5968
食品制造业	91.77	175.88	174.29	0.1268	−0.0123
酒、饮料和精制茶制造业	102.22	130.02	113.54	0.0596	−0.2065
烟草制品业	25.89	21.1	16.57	−0.0631	−0.2101
纺织业	482.88	647.32	286.09	0.0703	3.3834
纺织服装、服饰业	215.63	447	263.87	0.2322	−2.6126
皮革、毛皮、羽毛及其制品和制鞋业	158.34	333.24	180.83	0.2104	−1.4809
木材加工和木、竹、藤、棕、草制品业	50.04	142.29	90.02	0.1749	−1.7518
家具制造业	27.04	111.73	111.47	0.2725	−0.0036
造纸和纸制品业	113.41	157.91	98.76	0.0678	−1.2937
印刷和记录媒介复制业	55.82	85.06	91.71	0.1069	0.0855
文教、工美、体育和娱乐用品制造业	139.54	223.68	166.96	0.1434	−0.0840
石油、煤炭及其他燃料加工业	63.69	92.15	80.38	0.0826	−0.2956
化学原料和化学制品制造业	346.61	474.14	339.94	0.0475	−0.8211
医药制造业	99.56	173.17	213.82	0.1229	0.1965
化学纤维制造业	42.94	43.93	42.2	0.0072	−0.0665

续表

行业	2000 年就业人数 / 万人	2010 年就业人数 / 万人	2020 年就业人数 / 万人	2010 年就业弹性系数	2020 年就业弹性系数
橡胶和塑料制品业	—	350.06	281.25	0.0000	−0.0580
非金属矿物制品业	411.05	545.59	457.02	0.1079	−0.0496
黑色金属冶炼和压延加工业	289.27	416.47	213.29	0.0815	−0.3650
有色金属冶炼和压延加工业	105.71	191.59	162.29	0.0324	0.0000
金属制品业	172.72	371.09	356.93	0.1015	−0.1129
通用设备制造业	—	467.63	400.27	0.0000	−0.1315
专用设备制造业	206.79	334.22	325.64	0.0381	1.6153
汽车制造业	145.06	355.37	417.36	0.4714	0.0616
铁路、船舶、航空航天和其他运输设备制造业	149.76	212.67	159.52	0.0000	0.3479
电气机械和器材制造业	229.15	604.3	557.71	0.1970	−0.1197
计算机、通信和其他电子设备制造业	196.31	772.75	914.84	0.4523	0.1478
仪器仪表制造业	50.44	100.48	90.68	0.1540	−0.3306
其他制造业	21.77	43.87	33.09	0.0000	0.4280

织业，专用设备制造业，铁路、船舶、航空航天和其他运输设备制造业。

新兴行业就业弹性系数仍保持正向效应与我国高技术制造业发展密不可分。高技术制造业是指在生产过程中依赖科学技术和高新技术的制造业部门。它涵盖了许多领域，包括电子信息、航空航天、生物医药、新能源汽车、智能制造等。我国高技术制造业在过去几年得到了快速发展，并成为我国经济转型升级的重要支撑。我国产业升级发展势头不减，技术含量较高、附加值较高的高技术制造业持续保持较快增长。2015—2020年，我国高技术制造业研究与试验发展经费支出规模呈现高速增长态势，从2015年的2627亿元增长至2020年的4649亿元，复合增长率达到12%。其中，2020年的增速更是高达22.2%。高铁里程不断增加并出口海外、国产首艘大型邮轮“爱达·魔都号”命名交付、国产大飞机成功商业化运行、神舟号载人飞船多次发射。高技术制造业的快速增长也带动这些制造业细分行业就业人数的增长。

三、制造业就业的影响机制分析

从制造业的劳动力需求端分析，我国制造业就业的下降源于效率提升、分工深化和跨境转移这三大因素。

（一）生产自动化是制造业就业人数下降的主要因素

自动化、智能化设备的使用提高了生产效率，但也导致就业人数的下降。虽然我国制造业就业人数有所下滑，但制造业增加值占全球比重却由2013年的20.8%上升至2022年的近30%。这一升一降反映了我国制造业从大规模人工生产向机械臂、真空吸力、机器视觉系统等自动化场景的转变。成本倒置推动企业实施“机器换人”。主要城市的制造业工人时薪高于工业机器人平均“时薪”。2022年北京、上海、杭州、深圳制造业工人时薪均在40元以上，都已超过同年工业机器人时薪。考虑到企业还要为工人缴纳社保等各项费用，即使合肥、重庆等中西部中心城市的制造业工人实际用工成本也超过机器人。再考虑到效率和季节性人工短缺等因素，企业倾向以触手可及的技术红利替代渐行渐远的人口红利，自然也就不足为奇。

（二）市场分工深化导致制造业就业人员向生产性服务业转移

技术进步推动制造业内部服务性环节分离出本部门。制作和装配是制造业的核心流程之一，但并非是其产业价值链的全部。得益于信息技术的发展，制造业中的研发、设计、物流、营销等活动，能以极低成本被转移至独立的生产性服务业企业。当这些工作被外包给信息科技公司、物流公司等企业之后，原本统计在制造业部门的部分岗位就计入服务业部门。近年来，数字技术催生的我国制造业分工深化，是发达国家在相似发展阶段未曾经历的。市场分工深化是影响我国制造业就业下降的最大因素。利用迄今公布的我国最新投入产出表，计算出2013年和2017年为制造业提供各类服务的生产性服务业人员分别为1595.4万人和1898万人，因此这期间有302万个就业岗位从制造业企业中分离出来，流入研发、信息、财务、法律等独立生产性服务业企业。

（三）跨境产业转移导致制造业就业承载量的下降

劳动密集型产业向落后国家转移的趋势明显。在加入WTO后，我国劳动密集型制造业呈爆发式增长。近年来，随着东南亚和非洲国家低成本竞争优势的显现以及经贸摩擦的频现，跨境产业转移呈现加速的趋势。制造业的外迁，往往带动着其关键工序、原材料、零部件、工艺流程等整条产业链的外移。例如，三星公司和苹果公司将其在华手机业务转移到东南亚地区之后，带动富士康、和硕等200多家配套企业迁移。相关研究指出，我国劳动密集型产品订单份额主要流向东盟及印度。机械机电设备、精密仪器出口订单份额流向分散，发达国家、发展中国家均有。近些年制造业就业弹性系数波动较大，从一定程度上反映了制造业产业外迁导致制造业就业承载量的下降。

四、对策建议

（一）优化制造业结构，培育更多制造业就业增长点

我国具有国际竞争优势的纺织服装、箱包鞋帽、家电电子、五金制品等产业都具有典型的劳动密集型特征，是吸纳劳动就业、促进农村富余劳动力转移就业的重要力量。要实施劳动密集型产业固盘行动，推动传统制造业升级赋能、延伸产业链条，保持传统制造业就业基本稳定。实施先进制造业提升行动，做大做强战略性新兴产业，开发更多技能型就业岗位，创造更多高质量就业机会。实施龙头企业培育行动，培育一批产品美誉度高、品牌影响力大、综合竞争力强的大型制造业企业，增强大企业就业带动能力。实施中小企业繁荣行动，健全中小微企业服务体系，提升中小企业科技创新能力，扩大制造业就业基本盘。在中西部、东北地区选取交通区位和资源具有相对优势的区域，重点培育一批劳动密集型制造业产业转移的承接地，有序推动制造业的国内产业转移。

（二）提升制造业盈利能力，增强制造业就业吸引力

促进减税降费政策公平普惠高效直达，切实降低制造业生产成本，减轻企业负担，激发微观市场活力。强化政府采购支持中小微企业政策，完善预留采购股份、价格评审优惠等举措，提高中小微企业在政府采购中的份额。创新金融服务模式，持续推动多层次资本市场支持制造业，打通不同类型企业融资渠道，引导金融机构扩大制造业中长期融资，切实解决中小企业融资难融资贵问题，稳住我国大规模低成本制造优势。健全工资决定、合理增长和支付保障机制，增加劳动者特别是一线制造业工人的收入水平，实现技高者多得、多劳者多得。广泛宣传制造业技能人才事迹，大力弘扬劳模精神、工匠精神，引导全社会确立尊重劳动、尊重技术的观念，鼓励更多的青年走技能成才道路，营造劳动者乐于到制造业就业的良好生态。

（三）强化职业技能培训，壮大高素质技能人才队伍

技能人才是支撑中国制造、中国创造的重要力量。当前我国制造业正处在转型升级的关键时期，需要大量的技能人才，特别是先进制造业领域高素质技能人才缺口很大。坚持学校教育和职业技能培训并举，充分发挥企业职业技能培训的主体作用和职业院校培训资源优势，构建以行业企业为主体、职业学校为基础、政府推动与社会支持相结合，适应劳动力市场需求的技能人才培养体系，多渠道增加制造业技能人才总量供给。深化产教融合、校企合作，明确校企合作培养技能人才的责权利，提高校企合作法律保障水平，推动职业院校和行业企业形成命运共同体，促进制造业产业链、创新链与培训链有效衔接。推行“学历证书+职业技能等级证书”制度，打通“中等职业教育—高等职业教育—应用型本科教育”的学习衔

接渠道，实现中高职贯通、普职融通，为技能人才提供更宽广的职业发展通道，更好服务支撑我国制造强国战略。

（四）完善公共就业服务，构建和谐劳动关系

健全重点企业用工的常态化服务机制，针对一些带动就业能力强、用工规模大的制造业重点企业，建立公共就业服务联系制度，帮助解决企业用工问题。支持各地结合产业发展需求实际，将紧缺制造业技能人才纳入人才引进目录，高技能人才的配偶、子女按有关规定享受公共就业、教育、住房等保障服务。扎实做好劳动权益保障，依法查处招聘过程中的虚假、欺诈现象，强化劳务派遣用工监管。改善劳动者就业条件，督促企业依法落实工时制度，保障劳动者休息休假权益，推动简单重复的工作环节和“危繁脏重”的工作岗位尽快实现自动化智能化，加快重大安全风险领域“机器换人”。健全政府、工会、企业代表组织共同参与的协商协调机制，提升企业与劳动者沟通协商的制度化程度，构建企业和职工互利共赢的命运共同体。

（五）依靠完整产业链，提高中西部地区制造业就业承载力

德国政府颁布的《国家工业战略2030》指出，研发创新和工艺改进能力须植根于生产的土壤，只有将制造、加工、研发和服务环节置于一个地理空间，才能保持或扩大产业竞争优势，才能为本国劳动者提供多元化且充裕的就业选择。这是德国制造业就业稳定的重要原因。我国应进一步推动全国统一大市场建设，完善中西部地区营商环境，发挥完整产业链带来的综合优势，促进制造业在国内跨区转移中实现产业升级，避免制造企业大规模、成产业链地跨境外流，从而提高中西部地区的工业化水平和制造业就业比重。

第四章　我国与先行工业化国家制造业就业对比

内容提要：为研究国际制造业就业变化趋势，对比分析我国制造业就业变动情况，本章对英美等先行工业化国家制造业就业的演进进行了分析。研究发现，制造业就业总量和占比下降是先行工业化国家的普遍规律，先行工业化国家去工业化过程中均出现制造业就业弱化的特征，但制造业就业总量经历快速下降后将进入相对平稳期或小幅反弹上升。国际对比显示，我国制造业就业总量下降趋势明显、占比下降幅度较小，总体降速相对缓慢，但制造业就业占比“过早下降”问题凸显，我国制造业比重下降态势与现阶段经济发展阶段、制造业就业吸纳能力不相符。建议着力增强制造业就业吸纳能力，进一步放缓制造业就业下降速度；多措并举强化制造业就业配套能力建设，提升制造业就业吸引力，推动制造业就业总量回升反弹；通过创新驱动来实现转型升级，提高制造业附加值。

制造业是吸纳就业的重要载体，在增加就业总量和改善就业结构方面长期发挥着积极作用（沈梓鑫 等，2023）。然而，国际经验不同程度地表明，制造业就业难以长期稳定在高位，制造业就业总量和占比下降是发达国家去工业化过程中的普遍规律（叶振宇，2021；黄群慧 等，2022）。当前我国制造业就业也面临下降趋势，英美等先行工业化国家是工业发展历史悠久且经济发展水平高的国家，这些国家制造业就业的演进历程具有一定的代表性，相关变化规律可为分析我国制造业就业变化情况提供借鉴启示。

一、先行工业化国家制造业就业的普遍规律

（一）先行工业化国家在去工业化过程中均出现制造业就业弱化特征

国际经验表明，制造业就业总量和占比具有不同程度的上限，当一个国家制造业发展到一定水平后，制造业就业总量和占比会出现规律性的下降特征。国际劳工组织数据显示，1991年以来，美国、英国、德国、法国、日本、韩国、新加坡、加拿大、西班牙、澳大利亚等先行工业化国家的制造业就业总量均不同程度地出现下降。1991年以来，先行工业化国家制造业就业规模最高值普遍出现在2000年之前，最低值则均出现在2009年之后（见表4-1），先行工业化国家1991年制造业就业总量为6842万人，2005年降至5662万人，2021年降至5077万人，呈现出明显的下降态势。

表4-1　1991—2021年先行工业化国家制造业就业总量对比

国家	最高值		最低值	
	年份	制造业就业总量/万人	年份	制造业就业总量/万人
美国	1998	2033.2	2010	1536.4
英国	1991	570.0	2009	288.2
德国	1991	1128.1	2010	774.3
法国	1991	466.6	2021	318.7
日本	1992	1587.5	2012	1033.4
韩国	1991	528.8	2009	387.7
新加坡	2010	50.6	2020	33.5
加拿大	2004	236.5	2020	169.5
西班牙	2005	315.3	2013	213.1
澳大利亚	1997	115.7	2020	86.8

数据来源：国际劳工组织、经济合作与发展组织国家数据库。

与制造业就业总量类似，先行工业化国家制造业就业占比也呈现出明显下降趋势。1991年先行工业化国家制造业就业占比平均值为21.8%，变化区间为13.8%~30.0%；2021年制造业就业占比平均值降至12.0%，变化区间为9.0%~20.0%（见表4–2）。

表4–2　重点年份先行工业化国家制造业就业占比变化情况

单位：%

国家	1991年	2001年	2011年	2021年
美国	16.3	13.6	10.9	9.9
英国	21.5	16.3	9.8	9.0
德国	30.0	23.6	19.8	20.0
法国	19.9	18.5	13.2	11.3
日本	24.5	20.2	16.7	15.8
韩国	26.9	19.7	16.8	16.0
新加坡	27.9	19.3	14.5	9.4
加拿大	14.7	14.9	10.0	9.2
西班牙	22.1	18.8	12.8	12.3
澳大利亚	13.8	11.6	8.5	6.9

数据来源：国际劳工组织、经济合作与发展组织国家数据库。

为分析各国制造业就业的长周期趋势，本研究假设工业就业占比与制造业就业占比保持相似的变化趋势，通过分析可获得的工业就业数据来反映制造业就业演变趋势。研究发现，就业弱化特征在长周期范围内也明显存在，1991年前后，美国、日本、德国、澳大利亚、加拿大等主要先行工业化国家的工业就业占比下降趋势较为连续，美国工业就业占比从1956年的37.3%下降到1991年的23.4%，此后进一步下降到2021年的17.4%。德国工业就业占比从1962年的51%连续下降至1991年的40.9%、2021年的27.5%，平均每10年下降4个百分点；韩国工业就业占比在1991年达到36.8%的高峰后开始出现下降趋势（见图4-1）。

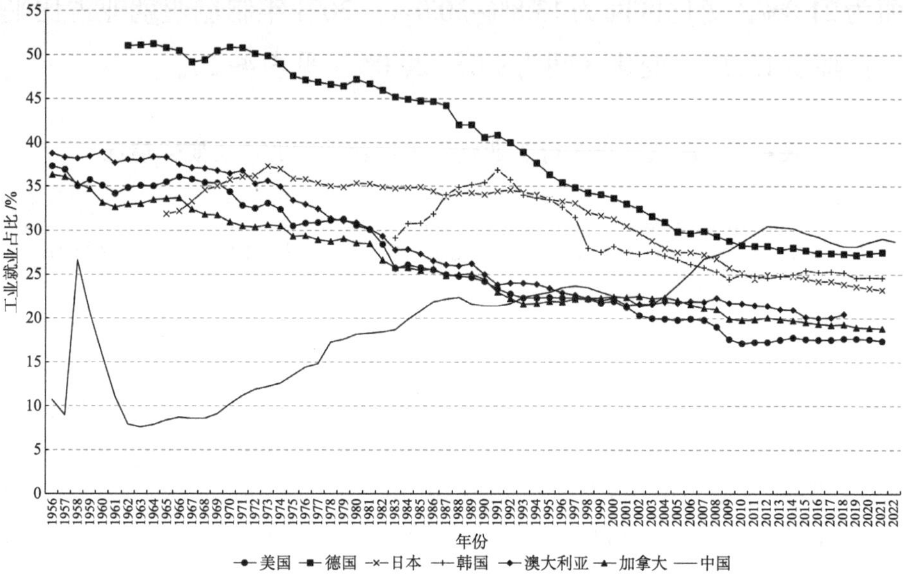

图4-1　1956—2022年我国与先行工业化国家工业就业占比变化趋势

数据来源：国家统计局、经济合作与发展组织国家数据库。

（二）先行工业化国家制造业就业总量和占比下降幅度存在差异

1991年以来，日本、美国、德国制造业就业总量减少最多，均超过350万人。日本1992—2012年制造业就业总量由1587.5万人锐减至1033.4万人，减少了554.1万制造业就业人员，10年间制造业就业总量下降幅度超过1/3。美国1998—2010年制造业就业总量由2033.2万人降至1536.4万人，共减少496.8万制造业就业人员。德国1991—2010年制造业就业总量由1128.1万人降至774.3万人，减少规模达到353.8万人。1991年以来，英国、法国、韩国、西班牙、加拿大、澳大利亚、新加坡制造业就业总量最高值与最低值的差分别达到281.7万人、147.8万人、141.1万人、102.2万人、67.0万人、28.9万人、17.1万人，均出现不同程度的制造业就业总量减退。从下降幅度来看，英国、日本、新加坡、西班牙、法国、德国的制造业就业总量下降幅度均超过了30%，分别达到49.4%、34.9%、33.7%、32.4%、31.7%、31.4%。美国、韩国、加拿大、澳大利亚的制造业就业总量下降幅度也均超过了24%，下降趋势显著。

在制造业就业占比变化差异方面，1991年以来，新加坡、英国、韩国、德国制造业就业占比下降幅度均达到或超过10个百分点，分别为18.5、12.5、10.9、10.0个百分点。其余国家的下降幅度在10个百分点以内但均超过5个百分点，其中西班牙下降9.8个百分点，日本为8.7个百分点、法国为8.6个百分点、澳大利亚为6.9个百分点、美国为6.4个百分点、加拿大为5.5个百分点。从制造业就业占比两极分化现象来看，2021年德国制造业就业占比保持20.0%的较高水平，韩国（16.0%）、日本（15.8%）也均在15%以上；美国（9.9%）、新加坡（9.4%）、加拿大（9.2%）、英国（9.0%）、澳大利亚（6.9%）则不足10%。制造业就业下降幅度变化的差异主要受到各国经济发展水平和发展阶段等因素的影响。20世纪80年代以来，受新自由主义经济思想影响，美英两国金融自由化更加显著，金融业的发展大大加快了产业外移，产业空心化问题严重，制造业比重明显下降，目前稳定在10%左右（孙彦红 等，2020），两国制造业就业占比也均下降至不足10%。德日两国属于追赶型经济体，在经济发展战略上把制造业置于重要位置，由此使得制造业占比下降较慢，目前保持在20%以上，与之相对应的制造业就业占比也保持在15%以上。韩国作为新兴市场国家，制造业就业比重保持在相对较高的水平；而新加坡的制造业就业占比则呈明显下降趋势，已于2018年跌破10%。

（三）制造业就业总量经历快速下降后普遍进入相对平稳期

国际劳工组织数据显示，先行工业化国家制造业就业总量度过快速下降期后，均呈现出低位波动趋势，其中英国、德国、日本、加拿大等国家年均波动幅度小于1%。英国制造业就业总量在2009年降至288.2万人，此后持续处于低位波动，平均值约300万人，年均波动幅度0.25%，最大波动幅度小于4%。德国制造业就业总量在2010年降至774.3万人，其后围绕平均值800万人上下波动，年均波动幅度0.74%，最大波动幅度小于4%。日本制造业就业总量在2012年降至1033.4万人，此后围绕平均值1048.1万人上下波动，年均波动幅度0.17%，最大波动幅度约为1%。加拿大制造业就业总量自2009年降至180万人以下后，几乎均保持在175万~179万人的区间内波动，平均波动幅度约0.04%，是制造业就业总量最稳定的国家之一。美国1998—2010年制造业就业总量极差（最高值与最低值的差）496.8万人，2010—2021年制造业就业总量极差171.3万人，两者相差近3倍，变化幅度有明显的区别。法国1991—2014年制造业就业总量极差136.4万人，2014—2021年制造业就业总量极差18.4万人，2014年之后法国制造业就业总量变化幅度较小，出现明显转折。韩国、西班牙、澳大利亚制造业就业总量快速下降阶段的极差，分别为低位波动阶段的1.9倍、2.7倍、4.8倍，均呈现出不同程度的波动趋缓（见表4-3）。

表4–3　先行工业化国家制造业就业总量阶段变化情况

国家	快速下降阶段		低位波动阶段	
	年份	制造业就业总量极差 / 万人	年份	制造业就业总量极差 / 万人
美国	1998—2010	496.8	2010—2021	171.3
英国	1991—2009	281.8	2009—2021	22.1
德国	1991—2010	353.8	2010—2021	70.9
法国	1991—2014	136.4	2014—2021	18.4
日本	1992—2012	554.1	2012—2021	30.6
韩国	1991—2009	141.1	2009—2021	82.9
加拿大	2004—2009	57.1	2009—2021	9.9
西班牙	2005—2013	102.2	2013—2021	37.6
澳大利亚	1997—2017	19.7	2017—2021	4.1

数据来源：国际劳工组织、经济合作与发展组织国家数据库。

与制造业就业总量类似，先行工业化国家制造业就业占比在2010年后下降幅度整体趋缓。国际劳工组织数据显示，1991年先行工业化国家的制造业就业占比平均值约为21.8%，2001年该平均值降为17.7%，2011年和2021年则分别降至13.3%和12.0%，平均每10年下降的百分点分别为4.1个（1991—2001年）、4.4个（2001—2011年）、1.3个（2011—2021年），下降速度趋缓较为明显。

（四）制造业就业总量在经历下降阶段后可再次出现回升

1991年以来，美国、德国、韩国、西班牙等国家制造业就业总量在经历了下降过程后，出现一定程度的回升，但反弹幅度较小。美国在2010年达到制造业就业总量的最低点（1536.4万人），此后制造业就业人数逐渐回升，在2019年超过1700万人，增加了

171.3万人，回升增幅达到11.1%。德国在2010年制造业就业总量下降至最低点（774.3万人），后回升至845.3万人，回升幅度达9%。韩国在2009年迎来了制造业就业人数的最低值（387.7万人），但在此后逐步回升至400万人以上，并连续6年（2014—2019年）超过450万人，高峰时达到470.6万人，回升增幅达21.4%。西班牙制造业就业总量于2013年降至213.1万人，此后连续回升至2019年的250.7万人，回升增幅达17.6%（见表4-4）。

表4-4　美国、德国、韩国、西班牙制造业就业总量回升情况

国家	下降最低点		回升最高点	
	年份	制造业就业总量/万人	年份	制造业就业总量/万人
美国	2010	1536.4	2019	1707.7
德国	2010	774.3	2020	845.3
韩国	2009	387.7	2015	470.6
西班牙	2013	213.1	2019	250.7

数据来源：国际劳工组织。

制造业就业的反弹得益于各国制造业就业促进政策的变化（史丹 等，2019）。以美国为例，2008年全球金融危机后，美国出台大量重振制造业的应对措施，在一定程度上促进了制造业就业的发展。美国先后出台了《美国复苏和再投资法案》《重振美国制造业框架》《国家先进制造战略规划》等文件，重新确立了制造业的基础产业地位，在不同程度上针对以制造业为代表的实体经济发展给予扩大投资、税费减免等政策，提出制造业产值提高、就业增长等目标。2018年出台的《美国先进制造业领导力战略》《加强21世纪职业与技术教育法案》则为制造业发展提供人才保障，推动实现以重振制造业为核心内容的“再工业化”。

二、我国制造业就业变化模式及国际对比

（一）制造业就业总量和占比均呈下降趋势

1. 制造业就业总量下降趋势明显

1991—2021年我国制造业就业总量最高值（两个数据来源）出现在2013年前后，分别为2012年的16550.4万人（国际劳工组织数据）、2014年的8849.9万人（国家统计局数据），此后制造业就业总量总体呈下降趋势。2021年我国制造业就业总量为14321.3万人（国际劳工组织数据）或7161.5万人（国家统计局数据），较最高值分别下降了2229.1万人和1688.4万人，降幅分别达13.5%和19.1%。与先行工业化国家比较，近十年我国制造业就业总量波动幅度较大，总体下降的特征明显，但2020—2021年，我国制造业就业总量出现一定的触底反弹迹象，具有转变为回升型的可能性。但受制于劳动力成本优势下降、产业转移、欧美发达国家的再工业化战略等影响，我国制造业竞争力在经济全球化和贸易全球化背景下面临产业竞争、贸易摩擦、资本流出等多方面挑战（汪芳 等，2022）。

2. 制造业就业占比下降幅度较小

1991—2021年我国制造业就业占比最高值（两个数据来源）出现在2013年前后，分别为2012年的22.1%（国际劳工组织数据）、2014年的11.6%（国家统计局数据），此后制造业就业占比总体呈下降趋势。2021年我国制造业就业占比为19.0%（国际劳工组织数据）或9.6%（国家统计局数据），较最高值分别下降了3.1个百分点、2.0个百分点。与先行工业化国家比较，我国制造业就业占比符合下降的趋势特征，但截至目前我国整体下降幅度不大，低于美国的6.4个百分点，不到英国、德国和韩国的1/5。

（二）我国制造业就业降速相对缓慢

1. 制造业就业总量降速缓慢

我国制造业就业总量总体上经历了先升后降的变化历程。新中国成立以来，我国的工业化发展与德国、日本等追赶型国家具有相似之处，都从农业大国逐渐转变为工业大国（史丹 等，2019）。改革开放以来，我国逐渐建立了完善的工业体系，制造业得到迅速发展，但自2012年开始，我国制造业就业总量出现缩减（叶振宇，2021；董雪兵 等，2023）。我国制造业就业总量在2012—2021年的9年间减少了2229.1万人，下降幅度为13.5%。我国制造业就业总量下降速度较慢。我国制造业就业总量下降13.5%用时9年与美国持平，但明显慢于其余先行工业化国家，甚至是德国下降15.9%所用时间的3倍（见表4–5）。

表4–5　我国与先行工业化国家制造业就业总量下降情况对比

国家	年份	制造业就业总量变化 / 万人	下降幅度 /%	经历时间 / 年
中国	2012—2021	16550.4~14321.3	13.5	9
美国	1998—2007	2033.2~1759.6	13.5	9
英国	1991—1999	570.0~488.2	14.4	8
德国	1991—1994	1128.1~948.9	15.9	3
法国	1991—2008	466.6~392.6	15.9	7
日本	1992—1999	1587.5~1357.4	14.5	7
韩国	1991—1998	528.8~402.0	23.9	7
新加坡	2010—2011	50.6~43.8	13.5	1
加拿大	2004—2008	236.5~198.3	16.2	4
西班牙	2005—2009	315.3~256.1	18.8	4
澳大利亚	1997—2013	115.7~99.28	14.2	6

数据来源：国际劳工组织、经济合作与发展组织国家数据库。

2. 我国制造业就业占比降速处于中等偏下水平

随着制造业就业总量的下降，我国制造业就业占比也出现了一定幅度的降低。在2012—2021年的9年间，我国制造业就业占比下降了3.1个百分点。先行工业化国家中，制造业就业占比下降3.1个百分点用时约3~13年，其中法国、美国分别用时约12年和11年，下降速度慢于我国；西班牙、英国、日本、德国和韩国分别历时约8年、7年、6年、3年，下降速度均快于我国（见表4–6）。

表4–6　我国与先行工业化国家制造业就业占比下降情况对比

国家	年份	制造业就业占比变化 / %	下降幅度 / %	经历时间 / 年
中国	2012—2021	22.1~19.0	3.1	9
美国	1991—2002	16.3~13.3	3.0	11
英国	1991—1998	21.5~18.6	2.9	7
德国	1991—1994	30.0~26.4	3.6	3
法国	1991—2003	19.9~16.6	3.3	12
日本	1992—1998	24.5~21.3	3.2	6
韩国	1991—1994	26.9~24.0	2.9	3
西班牙	1999—2007	15.2~12.1	3.1	8

数据来源：国际劳工组织、经济合作与发展组织国家数据库。

（三）制造业就业呈现“过早下降”趋势

1. 制造业就业相对于经济发展水平“过早下降”

我国制造业就业下降态势与现阶段经济发展水平不相符。1991年以来，我国与先行工业化国家均经历了制造业就业占比下降，但先行工业化国家制造业就业占比从高点下降时人均GDP均显著高于我国（叶振宇，2021）。我国制造业就业占比从2012年开始下降，人均GDP刚突破1万国际元（按购买力平价的2017年不变价国际元），而美国、加拿大、德国、日本、法国的人均GDP均是我国3倍以上（见图4-2），可见，我国制造业就业占比相对于经济发展水平有“过早下降”现象。有研究表明，全球主要工业国家，如美、英、德、日、韩等，制造业就业占比出现明显下降的趋势都是在迈入发达国家、高收入国家行列之后发生的，与这些发达国家相比，我国制造业提前进入制造业就业占比下降阶段的趋势明显。

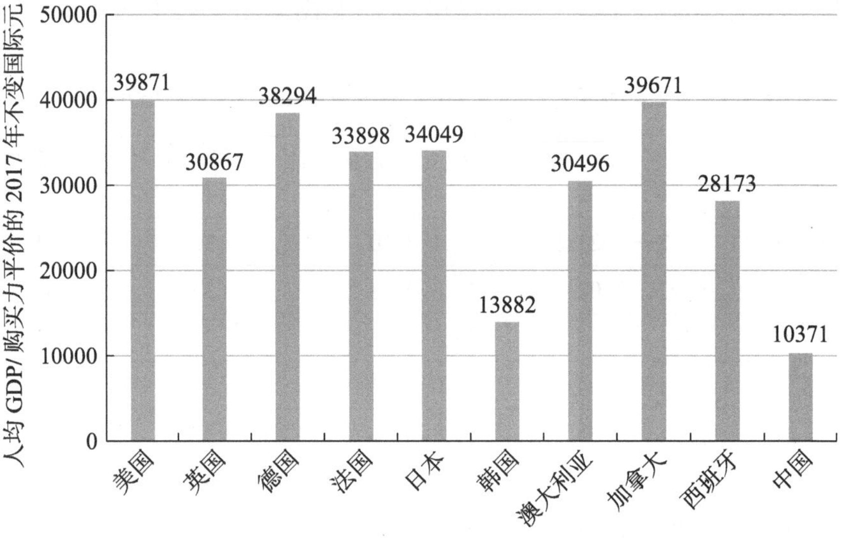

图4-2 我国与先行工业化国家制造业就业占比最高点人均GDP对比

数据来源：国际劳工组织、世界银行。

从长周期时间范围内看，“过早下降”趋势依然存在。由于工业就业占比变化趋势与制造业就业变化趋势一致，根据数据可获得性，本研究对1960—1990年先行工业化国家工业就业占比进行分析，研究发现，美国、加拿大、澳大利亚、德国、日本等先行工业化国家在工业就业占比下降时，人均GDP均在世界平均水平的300倍以上。其中，1960年已处于工业就业占比下降阶段的美国，人均GDP为世界平均水平的658倍；1960年开始出现工业就业占比下降的澳大利亚，人均GDP为世界平均水平的396倍；加拿大于1966年开始出现工业就业占比下降趋势，其人均GDP为世界平均水平的478倍；日本于1973年开始出现工业就业占比下降趋势，其人均GDP为世界平均水平的335倍。2012年我国出现工业就业占比下降（与制造业就业占比下降同步），我国人均GDP仅为世界平均水平的60倍，远低于先行工业化国家制造业就业占比下降时的经济发展水平，呈现“过早下降”趋势（见表4–7）。

表4–7　我国与先行工业化国家工业就业占比下降阶段经济水平对比

国家	年份	工业就业占比 /%	人均 GDP/ 世界人均 GDP/ 倍
中国	2012	30.5	60
美国	1960	35.1	658
德国	1970	50.8	340
日本	1973	37.3	335
澳大利亚	1960	38.9	396
加拿大	1966	33.7	478

数据来源：国家统计局、世界银行、经济合作与发展组织国家数据库。

2. 制造业就业相对于制造业就业吸纳能力“过早下降”

我国制造业就业下降态势与现阶段制造业吸纳就业水平不相符。2012年我国制造业就业出现下降趋势时，制造业吸纳总体就业人员的比例为22.1%，低于1991年德国（30.0%）、日本（24.5%）、韩国（26.9%）的水平。当考虑更长周期的工业就业占比时，2012年我国制造业就业占比与工业就业占比同步出现下降趋势，工业就业占比为30.5%，低于工业就业占比下降阶段的美国（35.1%，1960年）、德国（50.8%，1970年）、日本（37.3%，1973年）、澳大利亚（38.9%，1960年）、加拿大（33.7%，1966年）的水平，在就业吸纳能力方面呈现“过早下降”趋势（见表4-7）。

三、对策建议

（一）总体思路

深入实施就业优先战略，以增强制造业综合竞争力为根基，以高质量充分就业为目标，坚持供需双侧发力、长短期分类施策，切实推动产业政策与就业政策协同行动，正确处理就业政策和产业政策、就业数量和就业质量、技术创新和岗位创造的关系，不断增强制造业就业吸纳能力和就业吸引力，改善制造业就业环境，强化技能成才观念教育引导，着力提升劳动者技能素质，以高质量就业吸引更多劳动者投身制造业，推动形成制造业就业质的提升与量的增长良性循环。

（二）具体措施

1.推动制造业高质量发展是稳定制造业就业的根本举措

一是促进制造业提质提能和创新升级。结合现有产业结构基础，用新技术新业态改造提升传统制造业，大力建设先进制造业集群和产业基地，超前谋划布局未来产业，积极扶持高端型、创新型制造业企业发展，持续推动制造业向价值链中高端跃升。创建创新生态链，进一步增强税收、政府采购等创新激励政策体系和力度，激发基础研究的创新活力。促进政府、企业、高校和科研机构等各方优质研发资源有效协同，实现产学研用上下联动，促进创新链和产业链精准对接，建立优势互补、成果共享、风险共担的协同创新机制，合力开展关键核心技术、前沿引领技术和颠覆性技术等制造业共性“卡脖子”技术攻关，增强制造业核心竞争力，提升制造业附加值。增强创新意识和自主创新能力，鼓励自由探索和原始创新，营造勇于创新、包容创新的研发转化氛围，建立创新引领制造业高质量发展的长效机制。

二是巩固扩展制造业企业国际竞争力。在制造业企业频繁跨国流动的背景下，加快由要素驱动向创新驱动转变，在以成本、价格为传统竞争优势的基础上，更加凸显技术、标准、品牌、质量、服务等方面新的综合竞争优势，加快培育一批具有国际竞争力的专精特新龙头型企业，提高企业国际化经营能力。不断拓展制造业对外开放的范围、领域和层次，推进金砖国家、上海合作组织、共建“一带一路”等机制下的制造业合作，积极搭建开放、协同、高效的共性技术研发平台，带动多双边贸易和投资发展，形成互利共赢的现代化产业链和全球化供应链体系。持续推进中国制造品牌建设，提升中国制造品牌知名度和影响力。顺应全球绿色低碳发展趋势，构建绿色生产方式和制造体系，加强绿色低碳技术攻关应用，大力发展循环经济和再制造产业，全面提高资源能源利用效率，构建绿色制造标准和体系。

2.分类施策增强不同行业制造业就业吸纳能力

一是稳定劳动密集型制造业岗位。加大对劳动密集型制造业的金融、税费、补贴等政策支持力度，鼓励劳动密集型企业加强技术创新，淘汰落后工艺技术和设备，采用先进适用生产工艺、自动化智能化技术，引导企业向处于价值链高端的研发设计等环节延伸。支持品牌优势和技术特色明显的制造业企业通过组建产业联盟等方式做优做强，支持相关企业走专精特新和产业集聚发展道路。加强企业运营管理能力，提升企业信息化水平，优化生产流程，提高生产效率。引导劳动密集型制造业有序向中西部劳动力人口充足、区位交通便利地区转移。推动商业模式和市场营销技术创新，支持劳动密集型中小型制造业企业运用跨境电商、市场采购贸易、直播电商等新模式积极开拓国内外市场。

二是加大技能型就业岗位开发力度。加快自动化设备、工业机器人、人工智能、物联网等装备和技术深度应用，推动传统制造业高端化、智能化、绿色化转型。有步骤地推动简单加工、重复劳作和“危繁脏重”的工作岗位实现自动化智能化替代，促进低端体力型岗位向高端技能型岗位升级。做大做强战略性新兴产业，推进先进制造融合集群发展，开发更多依赖于认知、人机互动、创意创造的技能复合型、高附加值就业岗位。鼓励企业积极申请、承接国家职业技能标准开发任务，支持企业自主开发评价规范。

三是打造制造业就业新增长点。积极发展大规模个性化定制、网络协同制造、云制造等新型生产模式，推动传统制造业生产组织模式和空间组织模式加速变革，促进制造业服务化和服务业制造化的产业融合，挖掘制造业转型升级中催生出的数字化运维管理员、智能硬件安装调试员、工业机器人系统操作员等新就业岗位。支持发展相对自由灵活的制造业就业方式，以及多样化的新就业形态，加大对灵活就业、新就业形态人员劳动用工、就业服务、权益保障、职业伤害保障等支持力度。

3. 强化制造业就业培养培训体系建设

一是加强制造业技术技能人才教育培养。通过深化产教融合等形式，持续优化调整职业院校专业布局结构，提高职业教育专业设置与劳动力市场需求的适配度。深入推进产教融合协同育人，积极引导制造业企业深入参与到职业院校学科规划、专业建设、教材撰写、课程设计、授课研讨、实习实训等培养教学全过程。鼓励校企联合招生、开展委托培养、订单定向式培养和学徒制培养。探索“专业学科+项目制”等培养模式，推动制造业企业带项目、带师资进校园，创新校企双制、校中厂、厂中校等方式。鼓励制造业企业通过名师带徒、技能研修、岗位实训、技能比拼、技术互学互通等形式，开放式培养高技能人才。

二是完善制造业职业技能培训体系。加强省级层面培训资源统筹，加大职业技能培训基础设施和师资队伍建设的支持力度，动态调整政府补贴性培训项目目录，依托公共实训基地等培训平台，强化高技能人才、急需紧缺人才的培训水平。进一步完善技工等级晋升制度、职业技能等级认定政策，加快推进学历证书与技能等级证书互认共享。构建不同行业、不同业态间的转岗机制，广泛开展智能化技术应用适应性、储备性培训。鼓励制造业重点企业与高校、培训基地合作，通过校企合作办学、共建职工培训中心等模式，促进产训结合。

4. 多措并举强化制造业就业配套支撑能力建设

一是提升制造业就业待遇保障。将增加就业数量和提高就业质量作为支持制造业企业发展的重要内容，充实政策工具箱，把用工数量、薪酬分配、人才培养、职业发展等纳入产业政策统筹考虑，分层分级给予税费减免、信贷支持、财政奖补等支持，切实推动制造业降本减负。探索开展工资集体协商，建立产业工人最低工资制度，完善最低工资标准调整评估机制，稳步增加制造业一线劳动者劳动报酬。强化工资收入分配的技能价值激励导向，实施与职业技能等级序列相匹配的岗位薪酬体系，鼓励企业对优秀高技能人才实行年薪制、协议工资制、股权期权激励等薪酬策略，设立符合技能人才岗位特点的各项津贴，给予技术创新成果入股、岗位分红等激励。针对灵活就业特点，鼓励企业完善计件、计时、计次等工资制度，合理采用按次提成、日薪和周薪相结合的薪资发放形式。

二是完善制造业就业支撑服务。聚焦就业带动能力强、用工需求量大的重点企业，建立常态化公共就业服务联系制度，持续优化就业各环节支撑服务，及时帮助企业解决用工问题。科学构建适合当地制造业发展实际需求的人才引进目录，优先保障急需紧缺型高技能人才供给，加大对高技能人才及其配偶、子女享受教育、住房等公共服务的支持力度。扎实做好劳动权益保障，依法查处招聘过程中的虚假、欺诈现象，强化劳务派遣用工监管。改善劳动者就业条件，督促企业依法落实工时制度，保障劳动者休息休假权益，加快重大安全风险领域“机器换人”。健全政府、工会、企业代表组织共同参与的协商协调机制，提升企业与劳动者沟通协商的制度化程度，构建企业和职工互利共赢的命运共同体。

三是完善技能人才表彰激励机制。加强对技能人才的表彰力度，支持技能人才参与企业经营与管理，积极推动各级荣誉适当向高技能人才倾斜，健全完善优秀技能人才休假疗养制度，鼓励支持各地分级开展技能人才休假疗养等活动。开展制造业就业育人优秀案例创建活动，选树一批典型人物。广泛宣传制造业技能人才事迹，大力弘扬劳模精神、工匠精神，引导全社会确立尊重劳动、尊重技术的观念，鼓励更多的青年走技能成才道路，营造劳动者乐于到制造业就业的良好生态。

第五章　稳定制造业就业的要素条件与形势研判

内容提要：当前和今后一段时期，我国稳定制造业就业面临四个有利条件和四个不利条件。根据投入产出表预测，未来我国制造业就业人数呈现总体减少趋势，细分行业就业人数也将减少。未来，稳定制造业就业主要面临结构性矛盾，即制造业劳动力供给的年龄结构和技术技能结构同制造业所需要的劳动力的年龄和技术技能不匹配。为此，应当从薪酬待遇、人文关怀、职业通道、人才培养四个方面综合施策。

就业是民生之本，居于“十四五”时期“六稳”“六保”工作之首。党中央、国务院高度重视制造业和高质量充分就业。稳定制造业就业是实现制造业高质量充分就业的前提。深入分析当前和今后一段时期我国稳定制造业就业面临的要素条件，预测未来制造业就业形势，分析稳定制造业就业面临的突出矛盾，提出有针对性的建议，对于稳定制造业就业具有十分重要的现实意义。

一、稳定制造业就业面临的要素条件

当前和今后一段时期，我国稳定制造业就业面临四个有利条件与四个不利条件。总的来说，有利条件强于不利条件。

（一）稳定制造业就业的有利条件

1.党中央、国务院高度重视制造业就业问题

党中央、国务院高度重视制造业和制造业就业，为稳定制造业就业提供根本保证。2022年3月，全国两会首次将“增强制造业核心竞争力”写入政府工作报告，要求“大力推进智能制造，加快发展先进制造业集群”。2022年10月，党的二十大报告提出，“推动制造业高端化、智能化、绿色化发展”，“强化就业优先政策，健全就业促进机制，促进高质量充分就业”，体现了对制造业和就业的高度重视，指明了制造业和就业的发展方向。2023年4月，国务院常务会议要求，采取务实管用措施稳定制造业、外贸企业等就业规模。

2.宏观经济呈现持续恢复向好趋势

我国宏观经济形势持续恢复向好，为稳定制造业就业创造良好条件。我国已转向高质量发展阶段，以国内大循环为主体、国内国际双循环相互促进的新发展格局加快构建，经济实力明显提升，经济结构进一步优化。2022年，我国GDP增加到121万亿元，2018—2022年年均增长5.2%，2013—2022年增加近70万亿元、年均增长6.2%，在高基数基础上实现了中高速增长、迈向高质量发展。2022年，我国工业增加值突破40万亿元，2018—2022年高技术制造业、装备制造业增加值年均增长率分别为10.6%、7.9%。经济增长和制造业发展，有利于扩大制造业劳动力需求，增加制造业就业人数。

3.制造业转型升级带来劳动力供需新变化

当前，我国制造业正在向智能制造转型升级，为稳定制造业就业带来重要契机。未来，随着新一轮科技和产业变革的深入发展，我国制造业的智能化、自动化和数字化程度有望提高。一方面，有利于优化制造业就业结构，提升制造业技能水平。智能制造为既懂

IT又懂制造的智能制造人才带来就业机遇，需求增速甚至高于供给增速，倒逼我国制造业劳动力的技术技能水平提高。根据人力资源社会保障部预测，到2025年，仅智能制造领域人才需求就将达900万人，缺口450万人。另一方面，有利于改善制造业就业环境，提高工作满意度。随着制造业智能化、自动化和数字化程度提高，高端制造业的装配车间、劳保用品、清洁标准等将有很大改善，收入将有较大提高，就业人员的工作舒适度和满意度也将有较大提高，将有更多的劳动力愿意进入高端制造业就业。某招聘软件调研显示，2023年首选智能制造的应届毕业生占比18%，其中硕士毕业生占比26.1%。

4. 制造业人力资源素质将有较大幅度提升

制造业人力资源素质大幅提升，为稳定制造业就业夯实人力支撑。“十三五”期间，我国劳动年龄人口平均受教育年限从10.2年提高到10.8年，技能劳动者总量由1.3亿人增加至2亿人。2020年，全国新增劳动力受过高等教育比例达到53.5%。2020—2022年，全国新增劳动力平均受教育年限从13.8年提高到14年。未来，随着人口总量减少，人民收入提高，生育养育教育观念由重视数量的“放养”向重视质量的“精养”进一步转变，全国劳动年龄人口平均受教育年限、新增劳动力受过高等教育比例和技能劳动者数量都将有大幅提升。制造业所需要的技术技能人才也将大幅增加，为提高制造业人力资源素质、实现制造业就业高质量发展夯实人力支撑。

（二）稳定制造业就业的不利条件

从制造业就业的需求侧看，我国制造业面临技术进步、产业调整与国际冲击三重压力，影响制造业对劳动力的需求，为稳定制造业就业带来全方位挑战。从制造业就业的供给侧看，我国人口结构深度调整，影响我国劳动力尤其是制造业劳动力供给，加剧我国就业尤其是制造业就业的结构性矛盾。

1.技术进步的就业替代效应显现，导致制造业失业增加，反过来影响产品消费和制造业生产

一方面，技术进步促使许多生产步骤的自动化、智能化、数字化程度不断加深，人工智能等智能化技术加速应用，持续替代传统制造业，并对人类劳动进行更深层次的替代，可能会带来部分行业领域的技术性失业问题（姚战琪 等，2005；杨伟国 等，2018）。另一方面，技术进步下的职业极化压缩中等收入群体，“机器换人”带来群体间贫富差距拉大。国际货币基金组织报告指出，人工智能和机器人造成了“能熟练运用人工智能或机器人的部分人群”和“被夺走工作的人群”两极分化。如果未来几年“机器换人”大规模推进，两极分化、贫富差距将进一步拉大，失业人口固化为低收入群体，购买力和消费水平下降，反过来影响制造业产品销售额，导致制造业劳动力需求进一步减少。

2.产业结构调整加快，导致制造业就业人数减少、结构失衡

一方面，制造业内部结构调整加速，导致结构性就业矛盾突出。产业结构演进会导致“结构性失业”。我国工业化正处于中期向后期过渡的阶段，资源和劳动密集型重化工业由于需求下降，投资额、销售额、利润率以及工业增加值占GDP比重已经接近历史峰值，开始逐步回落。煤炭、化工、钢铁、有色等重化工行业颓势已经显现，冶金、电力、建材等行业面临较大调整压力，不少传统产业面临着产能严重过剩的难题。一些产能过剩、附加值较低的行业和项目将会被淘汰，伴随着部分企业破产和兼并重组，相当一批劳动者将被迫离开企业。产业结构深度调整对劳动者技能素质提出了更高要求，劳动力供求两侧均出现较大变化，人才培养培训不适应市场需求的现象进一步加剧，“就业难”与“招工难”并存。另一方面，国内其他产业竞争资源，带来制造业就业人数减少、工资提高。长期以来，我国房地产业过快发展，服务业发展迅速，制造业被边缘化，社会资本和社会资源不断流失，就业吸纳能力较强的中小微制造企业面临困难。不少地方在制定发展规划、出台支持政策、提供资源帮助等方面，倾向于房地产、政府融资平台、大企业、大项目，较少考虑制造业尤其是中小微制造业，导致制造业就业人数减少、用工成本提高。2013—2021年，我国制造业城镇非私营单位就业人员数从5258万人减少至3828万人，年平均工资从46431元上涨至92459元。

3.国外制造业竞争资源和市场，导致我国制造业劳动力需求和就业人数减少

国际经济格局变化，逆全球化趋势加强，美西方鼓吹脱钩断链与去风险化，制造业领域国际贸易和投资竞争激烈。美国、欧盟、日本出于自身安全和民众就业考虑，加快出台制造业回流计划，加速产业链供应链本土布局，跨国公司调整产业链供应链，全球双链面临新一轮重构，区域化、近岸化、本土化、短链化趋势凸显，在一定程度上影响我国制造业尤其是制造业中的外资企业发展，抑制了制造业就业岗位扩张，甚至部分就业岗位转移至国外。

4.人口结构变化和劳动力优势弱化，制造业综合成本上升，导致劳动力供需双向背离

从供给看，我国人口年龄结构深度调整，劳动年龄人口数量下降，劳动力供给减少。一方面，制造业劳动力老化严重，大龄劳动力越来越难适应制造业技术进步和转型升级的要求；另一方面，青年劳动力就业倾向于时间比较灵活、工作强度较小的服务业，尤其是外卖、快递、网络直播等服务业，导致一些地区的制造业出现

“民工荒”“招工难”。从需求看，我国制造业总体上仍处于由中低端向中高端跃升的关键时期，却面临着综合成本快速上升的问题，成本比较优势正在逐步削弱。纵向比较看，2013—2021年，我国城镇单位就业人员平均工资扣除价格因素实际年均增长8%，增速远高于同期GDP年均增速和企业收入平均增速。国际比较看，牛津经济研究院的研究结果显示，我国制造业单位劳动力成本涨幅趋近美国，但美国单位劳动力的生产率比我国高80%~90%。相关数据显示，我国制造业劳动力成本远高于东南亚国家，我国各个行业的基本工资甚至比东盟国家中劳动力成本最贵的印度尼西亚高5%~44%。由于劳动力、土地、资金、能源、物流等成本快速上升，近年来我国大量劳动密集型产业向东南亚、南亚、非洲等地转移，导致产业规模大幅萎缩、就业快速下滑，一些地区开始出现产业“空心”和城市“空城”的现象。

二、我国制造业就业形势预测

本研究充分考虑稳定制造业就业面临的有利条件和不利条件，根据投入产出表预测未来制造业就业形势。投入产出表又称部门联系平衡表，是反映一定时期各部门间相互联系和平衡比例关系的一种平衡表。投入产出表可全面系统地反映国民经济各部门之间的投入产出关系，揭示生产过程中各部门之间相互依存和相互制约的经济技术联系。

（一）就业创造能力测算

本研究利用投入产出方法和2002年、2007年、2012年和2020年规模以上制造业分行业就业数据，将各行业的中间投入带来的就业进行汇总，分别得到各行业的就业创造绝对数和就业创造系数，具体计算模型如公式（5）。

$$W = w(I - \hat{u}A)^{-1} \quad (5)$$

其中，W表示完全就业系数，即单位产出所引发的直接和间接就业人数之和，也就是分行业的就业创造系数；w为直接就业系数向量，即行业直接就业人数与产出的比值；$\hat{u}$表示各行业产品的国产供给比例所形成的对角阵，其计算公式为$\hat{u}=$(产出−出口)/(产出+进口+出口)，其作用在于剔除进口产品对国内产品技术联系的影响；A为直接消耗系数。

（二）就业创造数和就业创造系数分析

2012—2020年，制造业各行业单位产出就业创造系数均呈下降趋势，从0.5505降至0.2995（见表5-1）。其中，纺织服装服饰制造业单位产出就业创造系数降幅最大，从0.0374降至0.0168，降幅达55.06%。

纺织服装服饰业等劳动密集型行业就业创造系数最高。2020年，纺织服装服饰业及皮革、毛皮、羽毛及其制品和制鞋业等劳动密集型行业就业创造系数最高，均为0.0168人/万元，即纺织服装服饰业等行业增加1亿元总产出（总投入），会带动自身和关联产业的就业增加168人。

资本密集型行业带动的中间投入行业就业人数最高。2020年，计算机、通信和其他电子设备制造业，汽车制造业，电气机械和器材制造业在制造业细分行业中带动的中间投入行业就业人数最多，3个行业分别带动403万人、369.5万人和299.2万人。

表5–1　2012年和2020年制造业分行业就业人数和就业创造系数

行业	2012年				2020年			
	直接就业人数/万人	间接就业人数/万人	就业人数总和/万人	单位产出就业创造系数/（人/万元）	直接就业人数/万人	间接就业人数/万人	就业人数总和/万人	单位产出就业创造系数/（人/万元）
农副食品加工业	418.2	205.1	623.2	0.0122	279.2	121.1	400.3	0.0056
食品制造业	200.9	110.9	311.8	0.0185	174.3	74.5	248.8	0.0100
酒、饮料和精制茶制造业	157.8	84.6	242.4	0.0188	113.5	46.9	160.4	0.0086
烟草制品业	19.9	14.4	34.3	0.0049	16.6	11.3	27.8	0.0026
纺织业	486.3	331.3	817.7	0.0224	286.1	157.3	443.4	0.0115
纺织服装服饰业	455.1	189.0	644.2	0.0374	263.9	107.9	371.7	0.0168
皮革、毛皮、羽毛和制鞋业	296.9	109.9	406.8	0.0326	180.8	71.0	251.8	0.0168
木材加工和木竹、藤、棕、草制品业	138.1	105.0	243.1	0.0193	90.0	59.9	149.9	0.0092
家具制造业	115.8	59.3	175.1	0.0283	111.5	47.2	158.7	0.0156
造纸和纸制品制造业	140.4	99.7	240.1	0.0193	98.8	61.4	160.1	0.0090
印刷和记录媒介复制品制造业	92.3	52.9	145.2	0.0251	91.7	41.1	132.8	0.0139
文教、工美、体育和娱乐用品制造业	222.9	88.0	310.9	0.0279	167.0	61.9	228.9	0.0149
石油、煤炭及其他燃料加工业	94.5	92.5	187.0	0.0047	80.4	48.7	129.1	0.0032
化学原料和化学制品制造业	494.9	434.5	929.4	0.0132	339.9	235.0	574.9	0.0074
医药制品业	208.6	99.1	307.7	0.0194	213.8	87.7	301.5	0.0100

续表

行业	2012 年				2020 年			
	直接就业人数 / 万人	间接就业人数 / 万人	就业人数总和 / 万人	单位产出就业创造系数 /（人 / 万元）	直接就业人数 / 万人	间接就业人数 / 万人	就业人数总和 / 万人	单位产出就业创造系数 /（人 / 万元）
化学纤维制品业	48.5	56.6	105.1	0.0158	42.2	33.2	75.4	0.0103
橡胶和塑料制品业	334.9	240.6	575.5	0.0203	281.3	142.9	424.1	0.0118
非金属矿物制品业	568.6	310.1	878.7	0.0189	457.0	223.2	680.3	0.0093
黑色金属冶炼和压延加工业	416.0	373.2	789.2	0.0113	213.3	143.4	356.7	0.0052
有色金属冶炼和压延加工业	204.9	207.6	412.5	0.0103	162.3	137.6	299.9	0.0057
金属制品业	372.0	240.9	612.9	0.0190	356.9	186.4	543.3	0.0105
通用设备制造业	476.1	316.2	792.3	0.0188	400.3	222.2	622.4	0.0117
专用设备制造业	352.1	245.8	597.9	0.0192	325.6	159.2	484.9	0.0125
汽车制造业	426.0	452.0	878.0	0.0176	417.4	369.5	786.9	0.0111
铁路、船舶、航空航天和其他运输设备制造业	187.5	116.2	303.7	0.0205	159.5	75.6	235.1	0.0151
电气机械和器材制造业	623.2	393.2	1016.4	0.0203	557.7	299.2	856.9	0.0123
计算机、通信和其他电子设备制造业	880.5	352.5	1233.0	0.0190	914.8	403.0	1317.9	0.0121
仪器仪表制造业	104.6	35.5	140.1	0.0256	90.7	35.6	126.3	0.0130
其他制造业	41.6	33.9	75.5	0.0098	33.1	30.8	63.9	0.0039

（三）未来制造业就业人员预测

本研究基于2012年、2017年和2020年投入产出表的制造业分行业相关数据，采用投入产出模型，对未来一段时期制造业就业人数进行预测，测算步骤具体如下。

第一步，计算2012—2020年投入产出表制造业分行业产出的平均变动率（基准情景），同时在平均变动率的基础上减少3%，将其设定为低情景；将2012—2020年制造业分行业平均产出增加2个百分点，将其设定为高情景，进而分情景预测2025年、2030年和2035年制造业分行业产出数值。

第二步，由于劳动生产率不会无限增长，设定未来劳动增长率将按照一个特定的速度进行变动。基准情景下，其变动速率为2012—2020年的平均变动率；低情景下，其变动速率为2012—2020年的平均变动率减少3%；高情景下，其变动速率为2012—2020年的平均变动率增加2%；由此可测算出2025年、2030年和2035年制造业分行业的就业系数（单位产出所需就业人数）。

第三步，根据前两步测算出分情景分行业产出和就业系数，根据公式：就业人数=产出值×就业系数，分情景测算2021—2035年的制造业分行业的就业人数。

预测结果显示（见图5-1）：

基准情景下，即在未来制造业分行业平均产出增速和劳动生产率平均变动率仍遵循2012—2020年变动趋势，到2025年，制造业就业人数为6482.6万人，比2020年减少536.9万人。到2030年左右，制造业就业人数将保持稳定。2030—2035年，制造业就业人数将在5900万~6000万人之间波动。

低情景下，到2025年，制造业就业人数为5797.3万人，比2020

年减少1122.2万人。到2032年左右，制造业就业人数将保持稳定。2032—2035年，制造业就业人数将在4750万~4850万人之间波动。

高情景下，到2025年，制造业就业人数为7014.2万人，比2020年增加94.7万人。到2031年左右，制造业就业人数将保持稳定。2031—2035年，制造业就业人数将在7150万~7200万人之间波动。

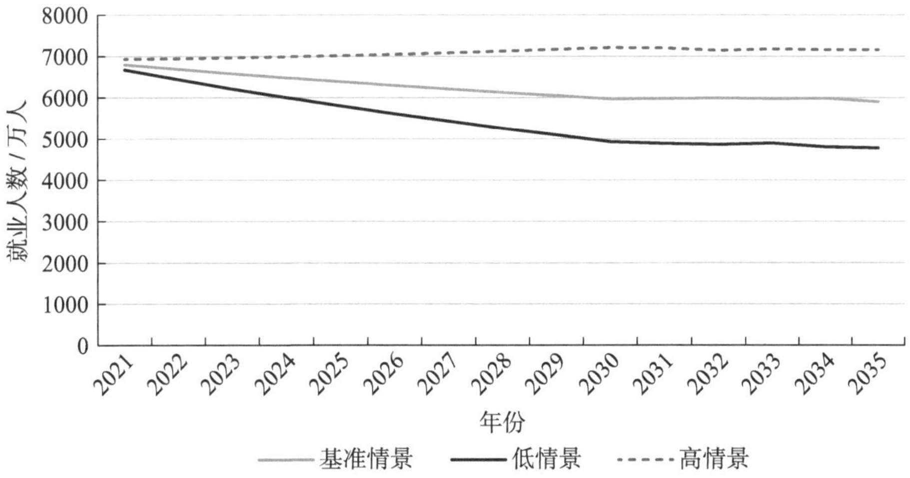

图5-1　不同情景下制造业就业人数预测结果

三、稳定制造业就业面临的突出矛盾分析

未来稳定制造业就业除了面临总量矛盾外，还将面临结构性矛盾，主要表现在制造业劳动力供给的年龄结构和技术技能结构与制造业所需要的劳动力的年龄和技术技能不匹配。

（一）制造业劳动力年龄结构供需不匹配

由制造业对劳动者体力和技术技能的要求决定，制造业需求较大的是中青年劳动力，而目前我国劳动力老化严重，有限的青年劳动力又不愿意进入制造业就业。短期看，制造业就业出现明显的年龄断层，部分企业因此面临严重的招工难、留工难等问题；长期看，会严重冲击制造业人才队伍建设的完整性，动摇我国制造业竞争力和体系的完整性。制造业劳动力供需双方意愿不匹配的原因在于，现阶段制造业在薪酬待遇、工作环境、个人提升空间等方面与金融、管理等行业仍存在较大差距。

1. 制造业薪酬待遇普遍较低

一是制造业平均工资低于其他行业。从城镇单位就业人员平均工资看，2021年制造业平均工资（92459元）在我国19个行业中位列第13名，处于下等水平，不仅不及信息传输、计算机服务和软件业平均工资（201506元）的一半，低于金融业平均工资（150843元）与公共管理和社会组织平均工资（111361元），而且低于城镇单位就业人员平均工资（106837元）。二是制造业内部技能人才工资偏低。从政策制定和执行看，有关技能人才资格认定及相应待遇保障的政策尚不完善，关于技能工人薪酬的政策在部分企业并未得到落实，技能岗位津贴制度执行力度不足，很多具有技师、高级技师技能等级的高技能人才仍未享受到较高的津贴待遇（谭永生，2020）。不少企业未按照技能等级细分生产岗位；企业自行按照岗位性质、薪点等标准划分等级，未区分技术技能水平的高低。同管理和技术岗位相比，企业员工的工资收入、福利待遇与岗位职务或技术职称挂钩，生产一线技能人才的岗位等级一般比管理和技术岗位低，收入和福利待遇均相对较低。

2. 制造业工作环境缺乏吸引力

由于传统制造业劳动工时较长、工作时间固定、管理制度严格、工作环境较差、职业风险较高，已经给人造成了苦、累、脏的刻板印象，制造业尤其是技能人才岗位、一线工人岗位对青年劳动力的吸引力较小（周浩 等，2015）。部分青年人不愿意在生产车间受生产管理制度约束，更愿意选择自由时间多的外卖骑手等工作。

3. 制造业职业发展通道狭窄

在制造业企业内部，技能人才在职位晋升上存在上升通道窄、上升空间小的困难。一是非私营企业内部干部、工人双元化管理体制尚未彻底打破。虽然在制度上提倡不唯身份、不唯学历，但在实际执行中还是重学历、轻实践，从一线技术工人岗位提拔到企业管理岗位、中层干部岗位的比例较小。二是技术管理与高技能岗位双向互通困难。虽然国家已出台相关的贯通政策，但从目前实践看，高技能人才担任技术管理职务，进入技术管理序列仍较困难。三是技能岗位纵向晋升制度不健全，职位上升空间存在“天花板”。

（二）制造业转型升级要求与劳动力技术技能结构不匹配

技术进步和制造业转型升级对劳动者技术技能提出更高要求，而现有劳动者的技术技能等级和种类与之不匹配，“就业难”与“招工难”并存。能力不匹配的原因在于，我国目前对高等级技术技能人才的培养培训和专业设置滞后于技术进步和转型升级的步伐。

1. 制造业技术进步和转型升级所需高技能人才缺口较大

当前，我国制造业高技能人才总量仍然不足。教育部《制造业人才发展规划指南》指出，我国制造业高技能人才面临短缺，尤其是领军人才和大国工匠紧缺，基础制造、先进制造技术领域人才不足。从各省市的人才规划、各地紧缺人才信息报道中可以发现，制造业高技能人才短缺问题在全国各地普遍存在。“技工荒”成为我国制造业发展的一个瓶颈，劳动力市场上高级蓝领人才奇缺，技能型生产岗位人才难求。

2. 现有职业教育模式与制造业需求之间存在差距

一是地方高校培养理念和模式与地方制造业发展融合不够。一些高校和院系在办学上没有突出应用性、操作性、技艺性和地方特色，培养方式仍以填鸭式的理论知识灌输为主。二是部分高校的专业设置与制造业需求相脱节。在专业设置上，一些专业类高校采用综合类高校传统的专业设置办法，如设置一些大而全的“万金油”专业，或重复设置专业，或专业设置与产业转型升级和企业发展结合不紧密、与本土产业需求相脱节。三是校企联合培养高技能人才缺乏深度合作。高校与企业，特别是创业企业联系合作的主动性和积极性不高，校企合作项目如产学教研合作职教联盟、实训基地（校中厂）、人才培养和就业创业基地（培训学院）、公共实训中心和“订单班”等项目的合作效果不理想。

四、对策建议

未来稳定制造业就业要考虑稳定制造业就业面临的要素条件，针对稳定制造业就业面临的突出矛盾，从薪酬待遇、人文关怀、职业通道、人才培养四个方面综合施策。

（一）稳步提高制造业薪酬待遇

一是坚持提高薪酬待遇和提高劳动生产率并重。在提高制造业就业人员劳动生产率的基础上，向就业人员提供同服务业等相比更有竞争力的薪酬待遇，提高一线工人的薪酬待遇。二是完善符合技术技能人才特点的收入分配制度。提高技术技能人才收入，培养他们成为中等收入群体，发挥示范作用。建议地方完善落实有关技能人才资格认定及相应待遇保障的政策与有关激励政策，系统设计具体、可操作性强的实施方案或操作细则，形成公平合理的技能人才激励机制。鼓励企业建立高技能人才技能职务津贴和特殊岗位津贴制度，试行高技能领军人才年薪制和股权期权激励制，制定技能要素和创新成果按贡献参与分配的办法。鼓励企业在工资结构中设置体现技术技能价值的工资单元，对关键技术岗位、关键工序、紧缺急需的高技能人才，实行协议工资、项目工资、技术创新成果入股、岗位分红等激励方式。

（二）努力增强制造业人文关怀

一是改善工作环境。对标世界一流的工厂环境，提供恒温、恒湿、清洁的工作环境，配备干净齐全的劳保用品，设置饭菜可口的员工食堂和环境优雅的午间休息区。二是提供配套服务。适应青年劳动力养老育幼需要，在产业园区内部或毗邻地区建设为60岁及以上老年人和0~3岁儿童提供日间托养服务的机构设施，解除中青年劳动力的后顾之忧。三是提高技能人才的社会地位。大力弘扬工匠精神，结合世界技能大赛、全国技能大赛、职业教育活动周等重大赛事、活动，广泛宣传高技能人才先进事迹。加大对高技能人才在各级各类表彰中的倾斜力度，引导全社会确立尊重劳动、尊重知识、尊重技术、尊重创新的观念，大力营造劳动光荣、技能宝贵、创造伟大的社会氛围，鼓励更多青年劳动力走技能成才之路。

（三）不断拓展制造业职业通道

一是打通管理、专业技术、技能三类人才发展通道。在对管理、专业技术、技能人才开展定向培养的同时，消除三类人才成长壁垒，尤其是从一线技术工人岗位提拔到企业管理岗位、中层干部岗位的壁垒。二是拓展技术工人职业发展空间。建立职业资格、职业技能等级与相应职称比照认定的制度，打破职业技能等级和专业技术职务之间的界限，解决技术工人职业发展“天花板”问题。鼓励企业设立首席技师、特级技师等，提升技术工人职业发展空间。扩大高技能人才与专业技术人才职业发展贯通领域，推动融合发展。三是深化劳动人事制度改革。取消用人和人才流动中的单位、部门、学历、性别等限制。推动落实职业院校毕业生在落户、就业、职称评审、职级晋升等方面与普通高校毕业生享受同等待遇，不断提高技能人才的收入水平。

（四）大力培养制造业技能人才

针对劳动者的技术技能等级和种类与技术进步和制造业转型升级需求不匹配的问题，多渠道提高制造业人力资源素质，进而提高制造业劳动生产率。

一是提高技术技能人才等级和层次。培养一大批高技能领军人才、大国工匠、能工巧匠，增强高端带动作用，扩展引领集聚效应，培养造就一支数量充足、结构合理、等级清晰、素质优良的产业工人队伍。发展制造业科产教融合培养模式，鼓励有条件的学校建设生产实践基地，聘请企业高管和技术骨干进行传帮带，为本科生了解制造业生态创造实习机会，组织赴企参观学习活动。二是丰富技术技能人才种类和专业。适应制造业细分行业就业形势，重点培养纺织服装服饰、非金属矿物制品、金属制品、通用设备制造、电气机械和器材制造、计算机通信和其他电子设备制造等专业人才。允许普通高等学校在校生根据社会需要和职业规划，在大学第二年时重新选择专业，鼓励选择符合制造业转型升级方向和需求的专业。通过优化课程设置、选修第二学位等多种方式，根据制造业转型升级需求，培养具备机械、电子、计算机和数字化等知识的复合型人才。根据制造业转型发展需要，允许高等职业院校灵活设置与智能机器人等产业相关的专业，同企业签订协议，开展订单式培养。

第六章　技术进步对制造业就业的影响

内容摘要：制造业技术进步对就业的冲击是各界长期关注的焦点。本章采用制造业A股上市公司数据等，探究了近年来新技术革命背景下制造业技术进步对就业的影响。研究发现，2014年以来，制造业技术投入和产出有着显著提升，制造业技术进步在短期对不同类型行业均呈现就业挤出效应，而在长期则会对资本和技术密集型制造业产生创造效应，对劳动密集型行业继续产生就业替代效应。整体来看，近年来制造业技术进步特征由劳动节约型转变为资本节约型，最后在长期表现为中性的特征。因此，企业应加强对劳动者职业技能培训，提高其人力资本以充分应对技术进步带来的影响。建议政府进一步加大对新技术创新的支持力度，鼓励企业加大研发投入，提高低技能劳动者的技能水平。

一、研究背景和意义

技术进步对就业的影响是劳动经济学领域中重要的研究问题，也是社会各界长期关注的焦点。根据内生经济增长理论，技术进步在带动经济增长的同时，也会影响到劳动力的就业状况。我国长期具有丰富的人力资源储备，尤其是在劳动密集型行业中，大量农民工群体涌入城市务工和生活，为国家的经济发展和社会建设作出了巨大的贡献。2005—2021年，我国规模以上工业企业中的制造业就业人数由4982.44万人增加至2014年的8849.87万人，但随后下降至2019年的7161.46万人（见图6-1）。与此同时，以工业机器人为代表的自动化技术发展迅速。2012—2021年，我国工业机器人年安装量由2.3万台增加至26.8万台，制造业万名员工机器人密度由23台/万人增加至322台/万人，相应地制造业员工与机器人比例由434.78人/台持续下降至31.06人/台（见表6-1），即“机器换人”现象持续产生，自动化技术进步的替代效应在制造业中持续显著。

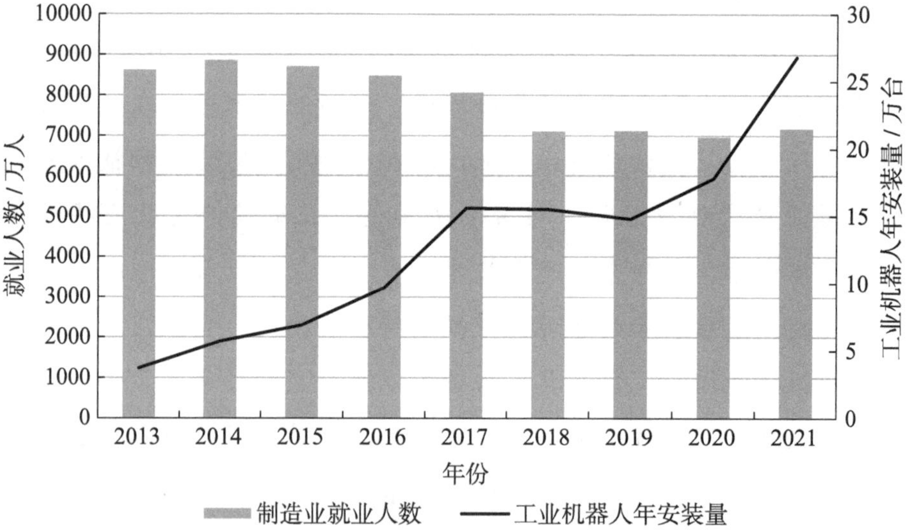

图6-1　2013—2021年我国工业机器人数量与制造业就业人数情况

数据来源：中经网统计数据库、2019—2022年《世界机器人报告》和《“十四五”机器人产业发展规划》。

表6-1　2012—2021年我国工业机器人安装情况

年份	工业机器人年安装量/万台	制造业万名员工机器人密度/（台/万人）	制造业员工与机器人比例/（人/台）
2012	2.3	23	434.78
2013	3.7	25	400

续表

年份	工业机器人年安装量 / 万台	制造业万名员工机器人密度 /（台 / 万人）	制造业员工与机器人比例 /（人 / 台）
2014	5.7	36	277.78
2015	6.9	51	196.08
2016	9.7	71	140.85
2017	15.6	108	92.59
2018	15.5	140	71.43
2019	14.8	187	53.48
2020	17.8	246	40.65
2021	26.8	322	31.06

在新技术革命的冲击下，大量企业持续加大研发投入力度，提高劳动生产率，这对劳动力市场的用工需求和就业结构都会产生一定的冲击。目前，学术界较多关注互联网、人工智能等某一特定类别技术给劳动力市场带来的影响（毛宇飞 等，2019），多采用构建计量经济学模型的实证分析方法，但其所表现出的具体逻辑关系仍有待进一步完善（见表6-2）。制造业作为吸纳劳动力规模较大以及受到技术进步冲击较为明显的行业，对其进行研究具有一定的代表性。基于此，本章主要研究我国制造业中的技术进步与劳动力就业之间的关系，通过理论分析和实证描述两方面探讨近年来制造业企业中不同角度的技术进步的变化趋势，并分析“机器换人”的长期趋势。本研究结果有助于在我国技术进步背景下丰富相关领域的理论基础，深化相关规律，同时结合我国制造业就业数量变化的经验证据，提出切实可行的政策启示，从而充分应对新技术革命给制造业就业带来的冲击。

表6–2　关于技术进步影响制造业就业的主要文献

作者	年份	研究方法	技术进步表征	主要结论
喻美辞	2010	静态和动态面板数据回归	R&D 资本存量	中国制造业从发达国家的进口没有通过替代国内生产而减少就业，相反进口贸易通过 R&D 溢出增加了整个制造部门的就业
Acemoglu Restrepo	2020	面板数据回归	工业机器人数量	每千人中增加一个机器人，就业人口下降 0.18%~0.34%
闫雪凌 朱博楷 马超	2020	工具变量回归（巴蒂克工具变量）	工业机器人安装量	工业机器人保有量每上升1%，就业岗位减少约 4.6%
王永钦 董雯	2020	工具变量回归（巴蒂克工具变量）	机器人渗透度	工业机器人渗透度每增加 1%，企业的劳动力需求下降 0.18%
李彦龙	2020	多维固定效应模型	专利申请数量	创新产出每增加 1%，本科以上学历员工所占的比重将会大约提高 1.473%，技术人员所占比重将大约上升 0.471%
陈建伟 苏丽锋	2021	多期渐次 DID 模型	ICT 类通用型技术发展（“宽带中国”战略）	ICT 类通用型技术应用加速了城市就业结构从制造业向服务业的转型进程，示范城市政策的实施明显降低了城市制造业就业份额

对于当前国内针对相关领域的研究，普遍缺少对于新时期制造业技术进步所表现出的特征变化的判断与描述，较少结合我国经济发展的背景，展开相应的理论分析以严谨地说明这一时期技术进步会对劳动者就业产生何种冲击，导致实证模型的变量选取缺乏一定的经济意义。现有研究不少集中在互联网、工业机器人等具体技术进步变化对于制造业劳动力市场的影响，而相对缺少有关企业技术进步的整体度量和全局的把握。此外，不同时期、不同行业中占主导的技术进步所表现出的特征有所差异，现有研究普遍缺少对于样本数据时期选取的详细说明，研究结果缺乏一

定的科学性与说服力。

基于此，本研究首先结合内生经济增长理论和经济运行的实际背景，论述制造业技术进步对就业产生的影响及相应的逻辑关系，探究近年来技术进步的状况以及和制造业就业总量、就业结构之间的相关关系。通过构建计量经济学模型，基于国泰安经济金融研究（CSMAR）数据库和万得（Wind）金融数据库，从企业角度探究不同度量方式下技术进步对制造业就业的影响，并分析技术进步特征的变化情况。

二、技术进步影响制造业就业的理论基础

假设在完全竞争的经济体内存在传统生产部门1与具有技术进步的生产部门2（郑江淮　等，2021），在利润最大化的目标导向下配置资本和不同技能的劳动力，生产不完全替代的商品。假设两个部门的生产函数均为柯布—道格拉斯形式：

$$Y_{1t} = {K_{1t}}^{\alpha_t} {L_{1t}}^{1-\alpha_t} \tag{6}$$

$$Y_{2t} = A{K_{2t}}^{\beta_t} {L_{2t}}^{1-\beta_t} \tag{7}$$

其中，Y_{1t}和Y_{2t}分别表示部门1和部门2在第t期的总产量，A为部门2中的技术进步水平（假设部门1中不存在技术进步）。K_{1t}和K_{2t}分别表示部门1和部门2在第t期的资本要素投入，L_{1t}和L_{2t}分别表示部门1和部门2在第t期的劳动要素投入。传统生产部门中主要为劳动密集型工作，企业雇佣低技能劳动者以减少成本。而在有技术进步的生产部门中，企业主要雇佣高技能劳动者以更快适应新技术带来

的冲击。α_t、$(1-\alpha_t)$、β_t和$(1-\beta_t)$分别表示两个部门中资本和劳动要素配置比例。

传统生产部门中主要为劳动密集型工作，企业雇佣低技能劳动者。而在具有技术进步的生产部门中，企业主要雇佣高技能劳动者，从而更好地适应新技术发展带来的冲击。在利润最大化目标导向下，部门1和部门2的利润分别与各自的产量、资本与不同技能劳动要素的配置、调整成本以及政府的宏观调控有关。由此，构建相应的汉密尔顿函数：

$$H_1 = \left[\left(1-\tau_{1t}\right)K_{1t}^{\alpha_t}L_{1t}^{1-\alpha_t} - r_{1t}K_{1t} - w_{1t}L_{1t} - \theta_{1t}L_{1t}\right)\right] + \mu_{1t}\left(r_{1t}K_{1t} + w_{1t}L_{1t} + \theta_{1t}L_{1t} - C_{1t} - \delta_{1t}K_{1t}\right) \quad (8)$$

$$H_2 = \left[\left(1-\tau_{2t}\right)AK_{2t}^{\beta_t}L_{2t}^{1-\beta_t} - r_{2t}K_{2t} - w_{2t}L_{2t} - \theta_{2t}L_{2t}\right)\right] + \mu_{2t}\left(r_{2t}K_{2t} + w_{2t}L_{2t} + \theta_{2t}L_{2t} - C_{2t} - \delta_{2t}K_{2t}\right) \quad (9)$$

其中，r_{1t}和r_{2t}分别表示部门1和部门2在第t期的资本价格，w_{1t}和w_{2t}分别表示部门1和部门2在第t期的工资率，θ_{1t}和θ_{2t}分别表示部门1和部门2在第t期雇佣劳动力需要付出调整成本的参数，τ_{1t}和τ_{2t}分别表示部门1和部门2在第t期的税率以刻画政府调控行为，C_{1t}和C_{2t}分别表示部门1和部门2在第t期的消费水平，$\dot{K}_{1t}$和$\dot{K}_{2t}$分别表示部门1和部门2在第t期资本对时间的导数。δ_{1t}和δ_{2t}分别表示部门1和部门2在第t期的资本折旧率。

当市场达到均衡状态时，投资于两部门的资本所取得的回报应当相同，即$r_{1t} = r_{2t}$，否则将会产生部门间投资偏好的差异，进而产生资本流动，直至投资于两部门所取得的回报相同。由此，分别推导出在均衡状态下两部门的就业量：

$$L_{1t} = K_{1t}\left\{\frac{1-\mu_{1t}}{\alpha_t\left(1-\tau_{1t}\right)\left(1-\mu_{2t}\right)}\left[\beta_t A\ (1-\tau_{2t})\ (\frac{1}{k_{2t}})^{1-\beta_t} - \mu_{2t}\delta_{2t}\right] + \frac{\mu_{1t}\delta_{1t}}{\alpha_t\left(1-\tau_{1t}\right)}\right\}^{\frac{1}{1-\alpha_t}}$$

其中，$k_{2t} = \dfrac{K_{2t}}{L_{2t}}$　（10）

$$L_{2t} = K_{2t}\left\{\frac{1-\mu_{2t}}{\beta_t A\left(1-\tau_{2t}\right)\left(1-\mu_{1t}\right)}\left[\alpha_t (1-\tau_{1t})\ (\frac{1}{k_{1t}})^{1-\alpha_t} - \mu_{1t}\delta_{1t}\right] + \frac{\mu_{2t}\delta_{2t}}{\beta_t A\left(1-\tau_{2t}\right)}\right\}^{\frac{1}{1-\beta_t}}$$

其中，$k_{1t} = \dfrac{K_{1t}}{L_{1t}}$　（11）

当企业产生技术进步时，部门2投入的资本数量和生产率将有所提高，进而推动人均资本使用量的提升。与此同时，部门1投入的资本数量将有所降低，人均资本使用量也随之下降。此时，制造业企业的技术进步将会提高对于高技能劳动者相对需求量，降低对于低技能劳动者的相对需求量，即技术进步具有一定的技能偏向性（见图6-2）。

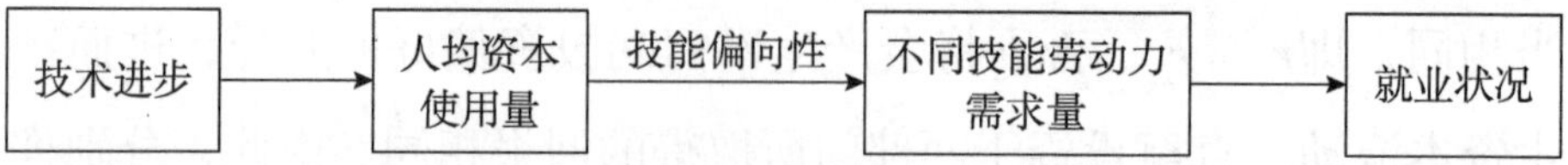

图6-2　技术进步影响制造业就业的理论框架

因此，在实证分析中，通过探究技术进步对于不同技能劳动力数量的影响以验证技能偏向型技术进步的存在。从要素配置的角度来看，本章将从不同角度刻画技术进步，探究其与制造业就业人员数量的相关关系，分析技术进步的要素偏向性。

三、技术进步影响制造业就业的实证思路设计

（一）数据来源

本章实证分析部分采用的数据，主要来源于2000年以来的《中国统计年鉴》《中国工业统计年鉴》《中国科技统计年鉴》等。企业层面数据主要来源于CSMAR数据库和Wind金融数据库。本章中关于企业层面的研究样本数据选定为我国A股制造业上市公司，删除ST类上市公司，以规避由于公司财务状况和经营不佳，导致企业运行中存在的问题而使样本缺乏一定的代表性。对于连续型的数值类变量，剔除两侧各1%极端值，以规避其导致回归结果的偏误。

（二）变量选取

对于制造业就业人数，本章主要通过两种方式进行统计，一是采用《中国工业统计年鉴》中的制造业各行业就业人数加总计算而得，二是采用《中国统计年鉴》中的制造业城镇非私营单位就业人员数和制造业工商登记注册的私营企业和个体就业人数加总计算而得。为探究技术进步对制造业就业结构的影响，本研究参考阳立高

等人（2014）的研究，将制造业划分为资本密集型、劳动密集型和技术密集型制造行业三大类。

对于技术进步的度量，本研究基于内生经济增长理论，充分从投入和产出两方面考虑，分别选取R&D人员全时当量、研发投入强度（R&D经费内部支出与营业收入之比）、专利申请数、有效发明专利数进行刻画。对于其他控制变量，基于劳动需求理论，本研究主要选取上市公司总资产、营业收入、营业成本、管理费用和支付的各项税费，同时将企业类别、所属行业、所在城市和调查年份分别作为企业性质、行业、地区和时间固定效应予以控制。

（三）制造业就业技能偏向性特征分析

2004年以来，我国制造业就业人数呈现逐渐上升的趋势，2014年达到顶点，随后开始出现小幅下降。2005—2021年，我国规模以上工业企业中的制造业就业人数由4982.44万人增加至2014年的8849.87万人，随后下降至2019年的7161.46万人。2014年之后是我国新技术飞速发展的时期，包含互联网、云计算、人工智能等多种形式，势必对制造业就业人员数量和结构产生一定的冲击。

从就业结构来看，2006—2011年，不同类别的制造业就业人员数量普遍呈现增长的趋势。受到新技术革命冲击较为明显的2014年后，资本、劳动和技术密集型制造业的就业人员数量在短期内均呈现了下降的趋势。而在2018年之后，资本和技术密集型制造业的就业人员创造效应开始显现，数量有所回升，但在劳动密集型制造业中仍存在着不小程度的技术进步替代效应，就业人数持续下降（见图6-3）。

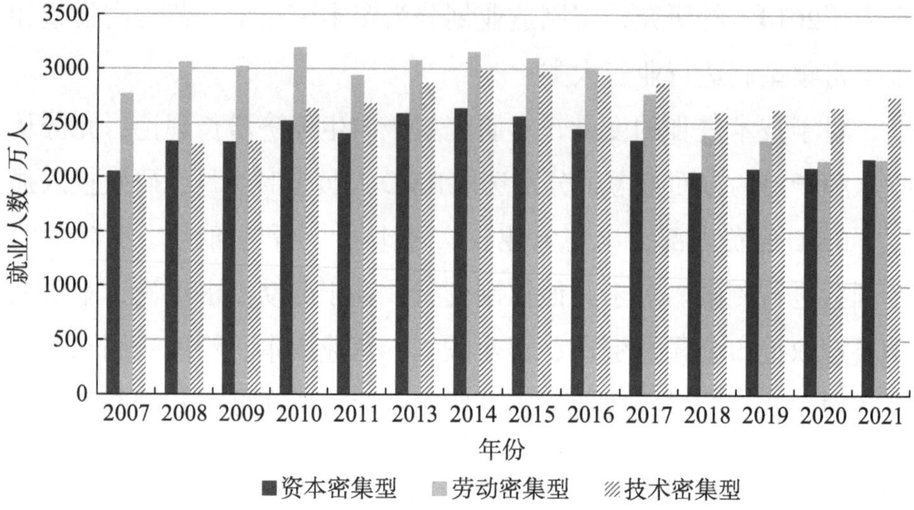

图6-3 2007—2021年我国不同类别制造业就业人数情况

数据来源：历年《中国工业统计年鉴》，2012年数据缺失。

2008—2021年，不同度量方式下的技术进步整体均呈现显著的上升趋势，其中2013年之后增幅有所增大（见表6-3）。总体来看，制造业技术进步在短期对于就业人员数量呈现挤出效应，对于不同类型行业均具有替代效应（见表6-4）。在长期，制造业技术进步对于资本和技术密集型制造行业具有就业补偿效应，而对劳动密集型行业仍存在替代效应。

表6-3 不同度量方式下的技术进步变动情况

年份	全要素生产率	累计全要素生产率	有R&D活动企业占比/%	R&D人员全时当量/万人年	R&D支出占营业收入比重/%	有效发明专利数/件	工业机器人年安装量/万台
2008	1.062	1.182	6.5	123	0.61	80252	—
2009	1.103	1.304	8.48	144.7	0.69	118245	—
2011	1.057	1.378	11.5	193.9	0.71	201089	—

续表

年份	全要素生产率	累计全要素生产率	有 R&D 活动企业占比 /%	R&D 人员全时当量 / 万人年	R&D 支出占营业收入比重 /%	有效发明专利数 / 件	工业机器人年安装量 / 万台
2012	1.093	1.506	13.7	224.6	0.77	277196	2.3
2013	1.033	1.556	14.83	249.4	0.8	335401	3.7
2014	1.045	1.626	16.9	264.2	0.84	448885	5.7
2015	1.068	1.737	19.2	263.8	0.9	573765	6.9
2016	1.050	1.823	22.95	270.2	0.94	769847	9.7
2017	1.079	1.967	27.43	273.6	1.06	933990	15.6
2018	1.088	2.141	27.97	298.1	1.23	1094200	15.5
2019	1.017	2.177	34.2	315.2	1.32	1218074	14.8
2020	1.062	1.182	36.74	346	1.41	1447950	17.8
2021	1.103	1.304	38.3	382.7	1.33	1691909	26.8

注：各年全要素生产率通过制造业增加值、固定资产、就业人数，采用DEA方法测算，累计全要素生产率以2006年为基期，各年连乘所得。2010年统计数据缺失。

表6–4　制造业技术进步与就业人数相关系数

技术进步	制造业就业人数	资本密集型行业就业人数	劳动密集型行业就业人数	技术密集型行业就业人数
全要素生产率	−0.4697	−0.9007	−0.8275	−0.6549
有 R&D 活动企业所占比重	−0.6818	−0.9798	−0.9492	−0.8298
R&D 人员全时当量	−0.7044	−0.9545	−0.9523	−0.8384
R&D 经费支出占营业收入比重	−0.7623	−0.9831	−0.9779	−0.8847
有效发明专利数	−0.6269	−0.9661	−0.9226	−0.7875
工业机器人年安装量	−0.5838	−0.9503	−0.9012	−0.7537

四、技术进步影响制造业就业的实证结果

（一）技术进步对于就业的影响程度分析

本章关注制造业企业技术进步给劳动力就业数量带来的影响，构建如下的多维固定效应模型：

$$lnEmployment_{ijt}=\alpha_0+\alpha_1 Technology_{ij,t-1}+\sum_i \alpha_i X_{ij,t-1}+\sigma_i+\rho_j+\lambda_t+\mu_{ijt} \quad (12)$$

其中，i表示企业，j表示地区，t表示年份。因变量$lnEmployment_{ijt}$为企业员工数量的对数。核心自变量$Technology_{ij,t-1}$表示企业技术进步，包括研发人员数量、研发投入强度、专利授权数量和申请数量，$X_{ij,t-1}$为其他控制变量。需要说明的是，本章将核心自变量与其他控制变量均做滞后一期处理，从而缓解由于反向因果给模型可能带来的内生性问题（闫雪凌 等，2020）。σ_i、ρ_j和λ_t分别表示行业、城市和年份固定效应，μ_{ijt}为随机扰动项。

此外，本章为验证制造业企业中主要存在的技能偏向型技术进步，将分别探究技术进步对不同技能员工数量的影响，此时在式（12）的基础上分别将因变量替换为生产员工/未受过高等教育员工数量的对数$lnEmployment_{Lijt}$和技术员工/受过高等教育员工数量的对数$lnEmployment_{Hijt}$。

表6-5展示了不同度量方式下，制造业技术进步对企业就业人员数量的整体影响。企业研发人员数量每提升1%，企业就业人员

数量显著提升0.205%；企业研发投入强度每提升1%，企业就业人员数量显著提升0.005%；企业已授权专利数量每提升1%，企业就业人员数量显著提升0.046%；企业已申请专利数量每提升1%，企业就业人员数量显著提升0.045%。可以认为，在较长一段时期内，企业技术进步整体上会产生就业促进作用。

表6-5　制造业技术进步对企业就业人员数量的影响

变量	模型（1）	模型（2）	模型（3）	模型（4）
企业研发人员数量	0.205*** （0.014）			
企业研发投入强度		0.005** （0.003）		
企业已授权专利数量			0.046*** （0.011）	
企业已申请专利数量				0.045*** （0.011）
其他控制变量	控制	控制	控制	控制
行业类别	控制	控制	控制	控制
城市固定效应	控制	控制	控制	控制
年份固定效应	控制	控制	控制	控制
样本量	6881	10925	2168	2462
F统计量	2111.08***	2537.52***	870.80***	973.39***
调整 R^2	0.8738	0.8551	0.8783	0.8735

注：括号内为聚类到城市层面的标准误，** 表示在5%水平上显著，*** 表示在1%水平上显著，数据根据CSMAR数据库和Wind金融数据库中相关数据整理计算所得。

根据上述理论分析和描述性统计分析的结果，从劳动要素分配的角度来看，近年来制造业企业的技术进步类型主要为技能偏向型。表6-6展示了制造业企业技术进步对不同技能和不同学历员工人数的影响。研究发现，在四种不同度量方式下，制造业技术进步均会对技术人员和接受过高等教育人员产生吸纳作用。企业研发人员数量的提升会显著提升生产人员的数量和未受过高等教育人员的数量；企业研发投入强度的提升会显著降低生产人员的数量，提升未受过高等教育人员的数量；专利授权数量和申请数量，对于生产人员和未受过高等教育人员的数量影响不显著。通过企业研发人员投入的角度进行度量，主要从劳动要素角度考虑了技术进步带来的就业吸纳作用。通过企业研发投入强度的角度进行度量，验证了技能偏向型技术进步的存在，即技术进步增加了高技能人才的数量，减少了低技能劳动力的数量。通过企业授权和申请专利数量的角度进行度量，从产出的角度刻画技术进步，需要说明的是，由于样本数量缺失较多，该部分结果仍需辩证看待。

表6–6　制造业企业技术进步对不同技能和不同学历员工人数的影响

变量	模型（1） 生产人员 数量	模型（2） 技术人员 数量	模型（3） 未受过高等 教育人数	模型（4） 受过高等 教育人数
企业研发人员数量	0.152*** （0.125）	0.520*** （0.024）	0.089*** （0.031）	0.284*** （0.017）
企业研发投入强度	−0.014*** （0.006）	0.035*** （0.004）	0.071*** （0.011）	0.035*** （0.004）
企业已授权专利数量	0.029 （0.024）	0.080*** （0.016）	0.028 （0.027）	0.062*** （0.017）
企业已申请专利数量	0.015 （0.016）	0.127*** （0.020）	0.017 （0.023）	0.084*** （0.026）

注：括号内为聚类到城市层面的标准误，*** 表示在1%水平上显著。控制变量均与表6–5相同，数据根据CSMAR数据库和Wind金融数据库中相关数据整理计算所得。

（二）技术进步特征随时间发生变化

根据上述描述性分析，制造业的技术水平在持续提升，但就业人员数量在不同时期有着不同的变化趋势，因而其技术进步所表现出的特征具有一定的不确定性。对此，本部分基于国泰安A股上市公司数据，从企业层面探讨所选取这一时期制造业企业样本中技术进步的特征，便于实证结果的解释。在此将柯布—道格拉斯生产函数进行对数线性化处理：

$$\ln Y_t = \ln A_t + \alpha_t \ln K_t + \beta_t \ln L_t \tag{13}$$

根据式（13），分别对每一年的生产函数进行相应的拟合，通过探究系数α_t和β_t之间的相对大小，来判断这一时期技术进步的性质及相应的变化。其中，Y_t，A_t，K_t，L_t分别选取企业营业收入、研发投入强度/专利授权数量、总资产和员工数量作为代理变量。

将研发投入强度作为技术要素的度量，2011—2013年，β_t / α_t的数值具有明显下降趋势，这一时期也是我国自动化技术开始在制造业中逐渐普及的阶段，通过“机器换人”而表现出劳动节约性的特征，如图6-4（a）所示。2013—2016年，自动化技术在制造业中广泛使用，一方面，新技术的就业创造效应开始出现；另一方面，工业机器人等设备存在资产折旧，资本利用率有所下降，这一阶段整体表现出资本节约性的特征。在2016年之后，制造业企业长期生产经营模式基本稳定，市场也逐渐适应技术进步所带来的冲击。此时，市场达到新的均衡状态，技术进步表现出中性的特征。将已授权专利数量作为技术要素的度量时，展现出相似的特征变化，但趋势并不明显，如图6-4（b）所示。需要说明的是，由于统计专利数量的企业样本数量缺失较多，该部分结果需要辩证看待。

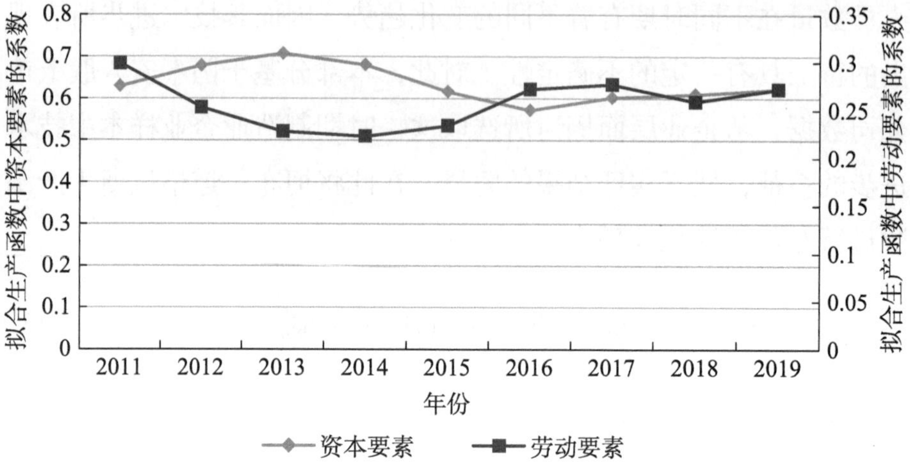

（a）将研发投入强度作为技术要素的度量

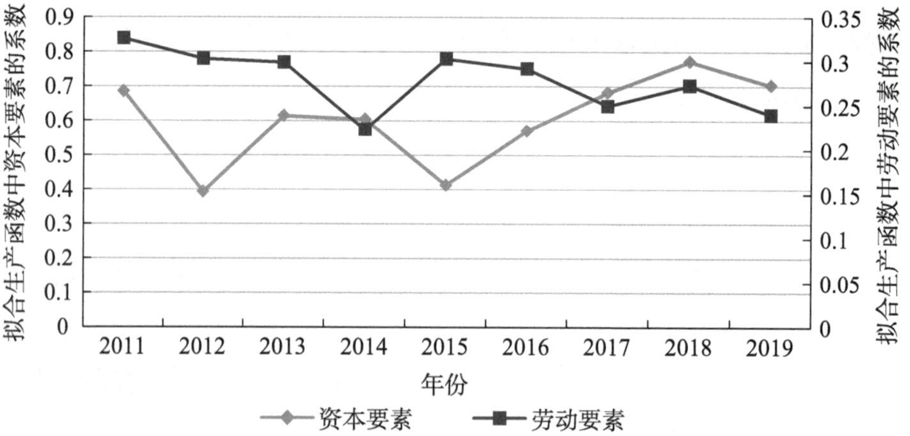

（b）将已授权专利数量作为技术要素的度量

图6-4　拟合生产函数中资本与劳动要素系数的变化情况

五、研究结论与启示

2014年以来，制造业技术投入和产出有着显著提升，累计全要素生产率也在不断提升。制造业技术进步在短期对于不同类型行业均呈现就业挤出效应，而在长期则会对于资本和技术密集型制造行业产生创造效应，对劳动密集型行业继续产生就业替代效应。随着工业机器人的普及，每万名员工的机器人密度持续提升，“机器换人”现象日益明显。整体来看，近年来制造业技术进步特征由劳动节约型转变为资本节约型，最后在长期表现为中性的特征。

随着自动化技术的逐渐普及，制造业企业中“机器换人”现象越来越多，难以胜任的低技能劳动者往往会被市场所淘汰，但长期来看，技术进步对于资本和技术密集型行业的就业创造效应开始凸显，同时也有助于企业生产效率的提升。对此，提出如下对策建议。

一是建议政府进一步加大对于新技术创新的支持力度，有序推动自动化技术在制造业中的普及，尤其是对于就业环境恶劣的工作，加大“机器换人”的力度。在技术投入和产出方面，鼓励通过产学研结合等形式，提高研发投入强度，增加科研人员的工资收入及福利待遇，获得更多的专利产出。二是鼓励企业加大研发投入。加大对企业的资金、人才、信息、平台等要素的支持力度，为企业研究开发、技术创新提供保障；为企业提供行业发展信息，减小信息不对称性，降低创新成本；鼓励企业设立研发中心，攻关核心技术。三是提高低技能劳动者的技能水平。着眼于行业发展的需要，设立劳动者技能培训中心，为劳动者提供基本的劳动技能培训；鼓励企业对新入职员工开展技能培训，给予适当的人才培训补贴，为企业培训提供场地、师资等支持；为高校毕业生提供面向新技术的技能培训，提高高校毕业生等重点群体的求职技能。

第七章　先行工业化国家促进制造业高质量就业的经验及启示

内容提要： 在实施先行工业化战略的国家中，制造业在实现高质量就业方面起着重要的推动作用。本章深入研究美德日等先行工业化国家在提高制造业综合竞争力、完善就业支持政策以及强化从业人员服务保障等方面的做法和方式。总结出了先行工业化国家促进制造业高质量就业的经验和特点，为其他国家在推动制造业就业增长和提升就业质量方面提供了有益的借鉴。鉴于我国在支持制造业方面存在的问题，提出以下建议：保持制造业比重基本稳定、注重制造业转型升级、加强STEM教育以提升人力资源水平、培养高端制造业人才，同时推动数字化和装备制造业的转型升级。通过采取这些措施，可以进一步促进制造业就业增长和提升就业质量。

一、先行工业化国家促进制造业高质量就业的主要做法

（一）提高制造业综合竞争力

1. 优化财政资金支持

从支持形式看，工业化国家主要采用财政补助、税收优惠、融资担保、政府采购等多元化方式提高制造业综合竞争力。在直接补助方面，美国制造业创新网络计划明确，在创新中心启动的5~7年间，创新中心将获得联邦政府7000万到1.2亿美元不等的资金支

持，但5~7年后，创新中心必须完全独立依靠自筹资金运行。在贷款和贷款担保方面，美国小企业局经过授权拨款，可以向中小企业提供贷款。一是直接贷款，比重小；二是协调贷款，由金融机构协助提供；三是担保贷款，由小企业局向放款机构提供担保，企业贷款逾期不还时，由小企业局负责归还所欠部分的90%。在税收优惠方面，包括税收减让、税收折扣、税收减免、特别税率减免、延期纳税、加速折旧、设备的免税购置等。比如，特朗普上任后签署了《减税与就业法案》，大幅削减企业税税率，从35%降至21%。在政府采购方面，日本在2014年预算中增加了30亿日元用于在各地公共试验基地、技术中心以及高等专科学院添置或更新3D数字制造设备。为了培养学生实践能力，2017年日本文部科学省投入283亿日元用于支持和推进专修学校设置职业实践专门课程，专修学校实施的职业实践专门课程由日本文部科学大臣认定和奖励，由企业参与编制，学校与企业合作进行实习实训授课，帮助学生掌握最新的职业实务知识和技能。

2.培育先进制造业集群

美国“硅谷”是全球高新技术革命性创新中心。目前已形成了由电子信息、新能源汽车等产业构成的产业集群，汇聚了一批具有雄厚科研力量的世界知名学校，并拥有一批世界500强企业和品牌，各类科技人员100万人以上，形成了产业创新发展的生态网络。政府提供优良的公共服务，并通过政府采购、技术转让、研发经费等方式支持产业集群发展。在产业集聚方面，学校和科研机构建立了与全球多地高校、科研机构、产业集群的链接合作网络。

德国“慕尼黑工业发展带”是德国最突出的高科技创新园区，德国颇具世界影响力的西门子、宝马等多家龙头企业坐落于此，拥有高新科技园区100多个，形成了汽车制造、电气制造等国际领先的产业集群。在分工方面，大中小企业分工明确，共同带动产业集群转型升级。采取龙头企业先行先试的方案，西门子、宝马等大型企业率先在企业内的生产线实施相关研究成果，中小企业则在技术创新中发挥自身优势。在法律法规方面，建立了基本完善的法律法规体系。在质量认证方面，拥有“GS”认证。在企业内部管理体系方面，拥有一整套管理机构、法律法规、行业标准，以及质量认证等制度体系。

英国“M4走廊带”是由一批中小城市连缀而成的产业集群。当前，“M4走廊带”形成的产业集群中，汽车制造、电子信息等分别处于不同的发展阶段，政府根据集群在组织支持、金融支持、税收支持、人才、创新等方面的不同需求，出台了多项保障政策促进集群有序发展。同时，围绕企业成长，从提高企业管理和组织能力的角度，开展一系列服务工作，如商业发展训练、融资能力训练、创新增长训练3个部分培训课程，系统提高中小企业的管理和组织能力。

（二）完善就业支持政策

1. 充分发挥失业保险的稳定器作用

一是建立了灵活的劳动力市场，通过失业保险制度给失业者提供经济支持，从而减轻了工人在经济困难时期的生活负担。这使得劳动力更加愿意参与制造业工作，提供了充足而高质量的劳动力资源。二是提供培训和再就业支持。失业保险系统不仅提供经济援助，还提供培训和再就业支持。通过提供职业培训和技能提升机会，失业者在重新就业时更容易适应制造业的需求。这有助于提高整体劳动力素质和专业技能水平，进而推动制造业的发展。三是制定有效的劳动法规。这些国家制定和执行了一系列有效的劳动法规，旨在保护制造业工人的权益，提高劳动生产率。例如，确保公平的工资和工时制度、提供安全和健康的工作环境等。这种保护机制不仅增加了劳动者的福利，也鼓励了更多的人加入制造业劳动力队伍，推动了其发展。例如，美国《公平劳工基准法》对于周工时超过40小时的时段内的雇佣活动，雇主必须按照不少于常规工资率的1.5倍支付报酬。但是，对于周末、假日或常规休息日的工作，未要求按照超时工资率支付报酬。

2.改善公共就业服务

一是提升青年人与劳动力市场需求匹配程度，帮助青年从学校学习过渡到社会工作。很多国家在应对就业结构性失衡问题时都将促进青年群体就业、提高青年劳动力与中小企业需求匹配度作为解决就业结构性失衡的重要措施之一。法国实施了传统帮助就业合同、公共就业帮助以及鼓励青年创业计划等多个措施应对青年结构性失业问题。日本通过由学校和公共就业服务机构组织针对高中毕业生的在职职业培训，帮助青年从学校过渡到工作，这些公共就业服务机构还为年轻人提供一站式就业服务，包括集体信息研讨会、个人咨询、简历准备、面试技巧培训和能力测试等方面的信息和服务，这对那些受过高等教育但没有资格参加职业培训计划的年轻人特别有帮助；这些一站式就业服务中心由地方管理并与当地的公司和教育机构合作，从而能更好地反映当地用工企业的技术技能需求。

二是在经济危机期间加强公共就业服务，缓解经济危机对就业的影响。奥地利公共就业服务机构在经济危机期间，通过为雇主提供稳岗补贴让雇员能够以缩短工作时间的方式留在企业，抑制企业在经济低迷时期的裁员，雇员将每周正常工作时间暂时减少到10%至90%，并获得部分补偿，以弥补因正常工作时间减少所带来的工作收入的损失。瑞典职业安全委员会与公共就业服务机构合作为经济危机期间流离失所的工人提供持续定制化服务，该委员会基于社会团体之间的集体协议积极介入经济调整并为雇主和工会提供相关建议，他们在工人失业以后且岗位被认为是多余的情况下为其提供过渡服务和指导，共同面对和分担劳动力市场调整的风险与成本；大约八成的参与者能够在七个月内通过就业或再培训找到解决困境的办法，该委员会帮助了大量失业者实现了再就业。

三是对特殊性和结构性失业群体提供就业援助。日本在石油危机以后进入结构性衰退期的20世纪70年代后期至80年代初期实施了特定衰退行业离职者对策，即手账制度，对所属行业被指定为特定衰退行业的企业雇主及与该企业有着承包关系的业务上密切相关的企业雇主成为特定衰退行业雇主，该企业缩小业务规模、进行雇用调整时，原则上需要提前制订再就业支援计划获得公共职业安定所所长的认定；根据该计划实施临时停业时的工资由雇用调整为支援金支付；不得不离职的特定衰退行业离职者在公共职业安定所申请求职，发放有效期不超过三年的求职手账，手账持有人可以根据本人情况进行职业咨询和指导，必要时可以接受职业培训，并较一般情况领取更长时间的雇用保险给付的延长给付。美国政府对在劳动力市场处于弱势地位的群体，如离婚的妇女、无法找到合适工作的老年人及伤残人员等，采取特殊公共就业服务政策，以保障妇女、残疾人等弱势群体就业，盘活劳动力市场资源。

（三）强化从业人员服务保障

1. 加大对职业培训的支持力度

美国1962年正式实施《人力开发和培训法》，联邦政府逐步加大对职业培训的资金支持力度；1973年实施《综合就业和培训法》，在1974年财政年度批准人力培训预算13亿美元，人力培训预算拨款中74%直接拨付州和地方政府，主要用于私人就业培训计划的补贴、对有工作者的福利补贴、帮助竞争条件差的青年工作者和农业季节工人的补贴等。德国推进职业教育契合“工业4.0”。德国“工业4.0”是高度自动化和高度信息化深度融合下的高度网络化。德国联邦教研部、德国联邦职教所于2016年4月联合提出了“职业教育4.0”的倡议。该倡议把两家机构已经开始实施的职业教育项目和活动与目前准备实施的项目捆绑到一起，形成了一个总揽式的适应“工业4.0”的专业人才培训框架。“职业教育4.0”的核心内容是“职业教育中的数字化建设与发展”，包括以下几个方面：一是开发新的数字化解决方案，如灵活的学习与工作场所、综合信息管理平台、开放的教育资源；二是提升职教培训中学徒的数字化技能水平；三是支持企业参与数字化学习网络的构建，比如共同开发和利用数字化基础设施与技术资源。围绕核心内容，德国联邦教研部、德国联邦职教所等部门启动实施一系列具体项目和措施，以推进“职业教育4.0”建设，并给予大量经费支持（陈正 等，2017）。此外，爱尔兰实施的“跳板”项目和ICT技能转换项目为求职者提供培训课程，提供超过9000个免费非全日制和全日制高等继续教育和技能培训的学习机会，仅2014年一年就提供了涉及212门课程、超过5700个学习机会。

2.针对不同劳动者需求开展分类职业培训

美国雇主资源网络（Employer Resource Networks）致力于减少低薪工人流失率和缓解社区贫困，其由企业及其雇员、公共人力资源服务部门、劳动力素质提升机构、民办非营利性组织、社区大学、职业培训机构以及本地、地区和国家基金会等多个部门组织构成，该网络提供产业专业技能、通用工作技能和辅助工作技能培训，技能层次主要针对入门级别，目标对象主要针对低薪工人，该网络培训教师相比公共部门培训教师能够在生产一线培训学员并随时提供直接指导。法国以需求为导向，针对不同就业群体对象，采取不同类型的职业培训指导。其中，针对就业能力较强的人员，政府主要是帮助他们提供相关工作岗位信息，同时给予少量的资金支持，以帮助他们迅速就业；针对技能素质欠缺，还需要培训才能就业的人员，政府主要是通过对他们进行培训需求分析，并且对他们现有的技术技能进行评估，根据不同的培训需求制定有针对性的培训计划。日本针对自由职业者出台就业卡制度，旨在提高自由职业者等非正规雇佣劳动者的职业能力并稳定其雇佣。

3.注重培养创新型人才

近年来，很多发达国家开始实施制造业再工业化战略，高端制造业领域呈现向发达国家回流的趋势，与此同时，第四次工业革命带来生产高度网络化、数字化、智能化，进而引发了劳动力市场对劳动者岗位和能力要求以及劳动技能标准等多个方面的变化，面对复杂的信息和工作环境，技能劳动者不仅要具备基本的知识和技术能力，还要具备数字化、智能化生产等综合能力，在此背景下，强调对创新型人才的培养也成为各国应对结构性就业矛盾的重要举措。

日本改革和创新职业院校专业设置，增设专业技能人才相关专业，并创新和更新职业技能培训课程。日本文部科学省投入3亿日元用以扶持高等专门学校设置情报安全、航空、海洋、人工智能等新型专业并加强跨专业合作，培养跨学科专业复合型人才。美国高等职业教育逐渐走向网络化，加州通过在线学院这一新型社区教育模式吸引更多的学生群体参与职业教育与技能培训。英国的现代学徒制官方网站承担了宣传英国职业教育与技能培训、为英国学徒制供需互动提供交流平台的职能。德国在“职业教育与培训——自动化、数字化和两极化”会议中提出，通过互联网技术和多媒体视频来教授专业知识应是未来职业教育与技能培训形式的重点。意大利为提高劳动者技能和创新能力，制定了国家数字学校计划，通过增加技术与科学相关专业的学生和研究人员的数量，建设支持大学之间、公私部门之间知识共享的能力中心和数字创新中心，促进技术转让和培养新技术所需要的技能人才。

二、先行工业化国家促进制造业高质量就业的经验

（一）从去工业化到再工业化：以高端制造业发展提供高质量就业岗位

1.去工业化过程

从二十世纪六七十年代开始，以美国、英国等为代表的发达国家，不论是制造业产值（主要是传统制造业）在GDP中所占的比重，还是制造业从业者在总就业人口中所占的比重都出现了不同程度的下降，取而代之的是服务业的快速增长，这一发展趋势被很多学者称之为“去工业化”。在二十世纪八九十年代至二十一世纪初，随着全球贸易的快速发展，发达国家“去工业化”的趋势表现得更为明显。1970年美国的第一、二、三产业占GDP比重分别为3%、38%、59%；而到2000年，其三次产业占比分别为1.6%、24.9%、73.5%，同年制造业增加值占GDP增加值的比重仅为15.1%（王曙光 等，2021）。

英美两国的去工业化进程是多种因素共同作用的结果，包括技术进步、全球化、居民收入提高和需求模式变化等。虽然去工业化带来了经济结构的转型和升级，在一定程度上也促使劳动生产率提升。美国的全要素生产率从1960年的0.72上升至1990年的0.86，英国的全要素生产率从1960年的0.72上升至1990年的

0.87。在生产率明显提高的情况下，大量低技能、重复性工作岗位被替代，也新创造出一些相对高技能的就业岗位，推动就业结构不断优化。劳动生产率的提高也提高了劳动者收入水平，带动劳动者就业质量不断提升。美国平均时薪从1965年的2.58美元上涨至1980年的6.57美元，英国平均周薪从1965年的18.9英镑上涨至1980年的111.7英镑。

2. 重构制造业产业链，实施再工业化战略

在经历了国际金融危机的冲击之后，美国的经济政策出现了一些新的变化，其中一个突出的表现是明显提高了对制造业的重视程度，这些政策开启了一个“再工业化”的进程。2017年以来欧美国家“再工业化”的主要举措包括五个方面。

一是制定顶层战略规划，重塑长期核心领导力和竞争力。美国重视强化全球先进制造业的领导力、对供应链的控制能力和对国防的支撑力。美国工业战略的总体目标是实现美国在全球先进制造业的领导地位，确保美国制造业供应链的安全，以及为美国军事工业和全球军事行动能力提供技术、物资和供应保障。德国重视强化技术和工业领域的领导力，偏重先进技术研发和制造能力提升。德国工业战略总体目标是在技术和工业方面确保德国维持或重新获得在欧洲和全球的领导地位，并在关键的技术技能方面、重点工业领域方面加大投入和支持力度。英国倾向于制造业领域的科技和商业创新能力，重视通过创新提升盈利能力。英国工业战略的总体目标是不断提升英国的劳动生产率和盈利能力，到2030年发展成世界上最具创新力的国家。

二是实施大力度减税政策，吸引制造业回流。在实施宽松货币政策的同时，欧美发达国家还实施以结构性减税为主的财政政策，通过减税减轻企业负担，引导国际资本，促进制造业回流。2017

年美国税制改革增加了推动资本和企业回流条款，目标指向全球价值链。采取的具体措施包括提高美国本土的投资吸引力、打压他国对跨国企业的吸引力、发布“实体清单”割裂全球价值链等。

三是采取贸易保护主义措施。欧美主要国家在促进“再工业化”过程中普遍加强了国家对贸易的干预力度，先后出台了外商投资审查、出口管控和贸易防御机制等贸易保护主义措施。2017年12月，2018年3月、5月、9月以及2019年1月和5月，美国、日本、欧盟三方连续发布了六次联合宣言，要求按照“新一代贸易规则”的原则改革多边贸易体制。

四是营造宽松的货币与金融监管政策环境，为重振制造业助力。2019年，在通胀预期下降、国内需求减速和工资压力减弱情况下，美联储开始降息。在欧元区国家经济增长疲软的背景下，为防止欧洲经济陷入衰退，欧洲央行（ECB）开启了新一轮货币宽松政策。从2008年之后的量化宽松政策以及降息政策来看，宽松的货币政策对于经济的刺激作用逐渐减弱，对于通胀的影响有限，对于债券价格和股票市场存在明显的促进作用。

五是加快科技创新步伐，抢占新一轮工业革命的战略制高点。近年来，欧美发达国家纷纷出台政策提高研发投入水平，促进科技创新，为制造业发展提速升级。2018年10月，美国发布《美国先进制造业领导力战略》，强调美国在全球科技创新中居于领导地位，提出开发和转化新的制造技术，教育、培训和集聚制造业劳动力，扩展国内制造供应链的能力三大战略目标。2018年9月，德国联邦政府颁布《高科技战略2025》，确定了十二个重点工作领域，明确跨部门的综合性科研与创新政策目标、重点以及阶段性标志成果，确定了联邦政府未来几年科研与创新政策的战略框架。

（二）供需双侧发力促进制造业高质量就业

1. 供给侧：支持技术创新、重视关键产业链等

美国政府富有前瞻性地将人工智能、量子通信、新材料、生物技术作为下一阶段发展的关键行业，不断增加其研发投资。同时，美国政府把重点放在创新资源上，解决产业发展中遇到的问题，实现新技术的产业化应用，利用新技术改造传统制造业。除此之外，美国产业政策的前瞻性主要体现在先进制造产业发展规划上。比如《美国国家创新战略》（2015年）提出要加快前沿领域的新突破，注重加大先进制造、精密医疗、汽车、计算机等九大先进技术领域的研发投入。《美国先进制造业领导力战略》（2018年）指出要提前布局新一轮工业革命需要优先发展的先进技术，如人工智能、大数据、新能源新材料、生物医药等，旨在保证美国制造大国的地位，引领全球科技革命与产业技术变革。

德国主要以"工业4.0"为核心开展数字化转型行动，并重点依托工业互联网平台和龙头企业的自我实践去推动。"工业4.0"意在通过结合信息通信技术（ICT）和信息物理系统（CPS），从根本上改变工业生产方式和制造技术，实现制造业智能化转型，将集中式控制转变为分散式增强型控制基本模式，最终建立高度灵活化、个性化和数字化的产品与服务生产模式。"工业4.0"凸显"智能工厂"和"智能生产"的特征。"智能工厂"意寓为工厂的设备和工件将逐步智能化，并被归入统一的智能化网络中。

2. 需求侧：加强科学、技术、工程和数学（STEM）教育

21世纪以来，以美国、英国、德国为代表的主要发达国家，都从国家战略高度制定了科学、技术、工程和数学（STEM）教育的政策与措施。美国国会通过了《国家竞争力法》，提出应加强

STEM教育投入，随后制定了《K-12科学教育框架》和《新一代科学教育标准》，推动STEM教育全面展开；英国政府颁布了“科学与创新投资框架”，首次在政府文件中引入STEM，陆续开展了STEM教师培训，建立了国家科学学习网络，确立了国家级STEM示范活动，并启动了国家科学技术大赛和高等教育STEM计划；德国为助力“工业4.0”，应对技能人才的巨大缺口，自上而下搭建了STEM教育战略框架，将促进STEM人才培养写入国家发展战略。

在日本、韩国等国家，STEM教育同样受到高度重视，针对各自技能劳动力结构和产业发展中的相关问题，从国家人才战略层面制定STEM教育发展政策，在学前教育、基础教育、高等教育和职业技术教育中，广泛开展促进STEM教育和人才培养的项目计划，加大投入并积极探索跨部门合作、促进社会广泛参与的有益模式。

三、启示

（一）增强对制造业的资金支持力度

一是增加对制造业的财政支持力度，提高财政资金投入。通过增加财政拨款、设立专项资金和实施贷款补贴等方式，直接向制造业提供资金支持，促进制造业的持续发展。

二是建立健全财政投入、引导、激励、筹资机制和动态财力保障机制。支持核心关键共性技术和“四基”（核心基础零部件和元器件、先进基础工艺、关键基础材料、产业技术基础）的研究和成果转化，支持创新中心等公共服务平台建设，支持新技术新产品的应用补贴，支持技术改造，支持中小企业，支持劳动力素质提升。

三是完善财政支持方式，使其更加精准和有效。可根据不同制造业的发展需求和特点，制定差异化的财政支持政策，提供定向、专项的财政资金及税收优惠，帮助企业解决融资难题、降低生产成本。

四是重点支持研发和创新领域。支持设立专项基金支持制造业企业进行科技研发，提供技术转化、产学研一体化的财政支持政策，鼓励企业加大创新投入，提高产品技术含量和附加值。

（二）注重制造业转型升级

一是制造业转型升级的关键在于技术创新和数字化转型。通过提供研发资金、建立研发中心和实验室，促进企业技术创新。鼓励企业采用先进的数字化技术扶持主导产业发展，推动智能制造和工业互联网的发展，以科技创新推动新产品新技术开发，提升生产效率和产品质量。

二是制造业转型升级需要通过产业链协同发展来实现。推动不同环节的企业加强合作，形成完整的产业链，提高供应链效率。鼓励企业进行跨行业合作和创新，实现产业链的优化和整合。还可通过优化产业政策环境来促进制造业转型升级。降低制造业企业的税费负担，简化行政审批程序，提供良好的投资环境和市场准入条件，吸引更多资本和技术进入制造业，推动企业转型升级。

三是通过主导产业的选择和扶持来把握制造业转型升级的方向。选择主导产业除了要考虑产业本身的增长率及其带动能力外，还应明确其他一些选择的基准：生产率提高较快的产业，即该产业增长因素中技术进步的贡献率相对较高；能提高资源利用效率、防止污染和保护生态环境的产业，即着眼于经济的长期发展和生态、社会之间的协调；能够为劳动者提供舒适、安全劳动环境的产业，即在经济发展的同时追求和实现人的全面发展，包括新一代信息技术、高端制造、生物、绿色低碳、数字创意等。

（三）加强STEM教育提升人力资源水平

一是将STEM教育纳入国家创新型人才培养战略。从国家层面顶层设计统筹考虑国家产业发展、人才储备、各级各类教育，形成需求、政策、制度、内容、评估、经费相配套的一体化战略，既能有目的地培养创新人才，同时也能提供适宜于创新人才成长的环境。

二是建设资源整合和师资培养平台。组建学校发展共同体，推选优秀学校担任牵头学校，定期组织开展研讨活动，加强校际沟通与交流，促进资源共建共享。加强具有跨学科背景的师资力量的培养，提高关于科学、数学和技术的本质认识和科学素养，并提倡将STEM教育融入课堂教学中。

三是努力打造一体化STEM创新生态系统。联合政府、学校、高新企业、社会组织等各方力量，建立健全长效合作机制，动员全社会资源在共识基础上积极参与、交流协作和多元投入，共同搭建STEM教育的支持体系，建立基于地区特色的STEM实践社区。

（四）通过教育培训提高劳动者技能，培养高端制造业人才

一是设立职业教育培训机构，专门培训和研修制造业相关技能。这些机构可以提供包括理论知识、实践技能和行业经验在内的全方位培训，顺应以数字技术和软件操作为代表的软技能，大力培养更多掌握数字新知识和技能的劳动者，更好满足制造业不断变化的职业需求，并确保其与高端制造业需求的契合度。

二是建立校企合作机制，将教育与产业深度融合。与制造业相关的大中小企业可以与学校签订合作协议，开展实习、实训和生产性实践活动，为学生提供实践平台和机会，使其接触现代制造业的

流程、技术和管理，培养高端制造业所需的实践能力。

三是推动制造业技能认证和职业资格证书的普及和重视程度。通过鼓励和支持劳动者参加相关认证考试，取得职业资格证书，提高劳动者的技能水平和竞争力。激励企业更加重视和认可这些职业资格证书。

实践篇

第八章　电子信息制造业就业："增长之谜"、隐忧问题与启示建议

内容提要：电子信息制造业是我国制造业内部的重要行业，具有产值规模大、吸纳就业多、发展和升级空间大等特点。近些年来，我国制造业就业快速下降，内部细分行业基本都呈现出下降趋势，但电子信息制造业就业出现明显逆势上扬，构成本章电子信息制造业就业"增长之谜"。对电子信息制造业就业"增长之谜"的背后经验规律进行研究发现，产业持续增长是电子信息制造业就业增长的重要前提，民营企业和小型企业繁荣发展是弥补外资企业就业损失的重要力量，"机器换人"是提升产业效率和竞争力、促进产业持续增长的必由之路。同时，我国电子信息制造业就业也面临需求萎缩叠加产业外迁带来就业压力、产业创新人才缺乏较为严重、就业环境限制吸纳青年就业等隐忧问题，亟须通过稳定制造业发展市场需求、引导制造业向中西部地区有序转移、提升制造业人才引进和培育水平、营造支持制造业就业良好环境等措施促进电子信息乃至制造业高质量就业。

一、电子信息制造业就业"增长之谜"及其背后经验规律

我国规模以上制造业各行业就业人数从2015年的8675.94万人下降到2021年的7116.8万人，损失就业1559.14万人（见表8-1）。分行业来看，29个细分行业中有27个行业就业都出现了下降。下

降人数超过100万人的有7个，分别是纺织服装、服饰业（192.99万人），纺织业（184.15万人），黑色金属冶炼和压延加工业（153.2万人），农副食品加工业（150.25万人），化学原料和化学制品制造业（146.93万人），皮革、毛皮、羽毛及其制品和制鞋业（114.24万人），非金属矿物制品业（112.66万人）。

但在制造业内部，电子信息制造业就业在同期却出现了增加，与金属制品业成为制造业内部仅有的就业增加的2个行业，分别增加58.04万人和2.68万人，前者远高于后者。而电子信息制造业2021年就业人数达到967.3万人，远高于金属制品业的383.5万人，且电子信息制造业就业增长幅度也远高于金属制品业的0.70%。作为容纳将近1000万就业人口的重要行业，电子信息制造业就业的稳定甚至小幅增长，在制造业整体出现吸纳就业下降背景下逆势上扬，构成了电子信息制造业就业“增长之谜”，其背后的经验规律将对稳定制造业就业具有重要参考和借鉴意义。

表8-1　2010—2021年我国规模以上制造业各行业就业人数情况

行业	就业人数 / 万人		2015—2021年增加人数 / 万人	增加幅度 / %
	2015年	2021年		
农副食品加工业	424.75	274.5	−150.25	−35.37
食品制造业	212.05	177.6	−34.45	−16.25
酒、饮料和精制茶制造业	166.82	112.7	−54.12	−32.44
烟草制品业	20.89	15.9	−4.99	−23.89
纺织业	464.45	280.3	−184.15	−39.65
纺织服装、服饰业	449.49	256.5	−192.99	−42.94
皮革、毛皮、羽毛及其制品和制鞋业	293.94	179.7	−114.24	−38.87

续表

行业	就业人数 / 万人		2015—2021 年增加人数 / 万人	增加幅度 / %
	2015 年	2021 年		
木材加工和木、竹、藤、棕、草制品业	140.78	96.2	−44.58	−31.67
家具制造业	120.08	111.8	−8.28	−6.90
造纸和纸制品业	134.95	100.0	−34.95	−25.90
印刷和记录媒介复制业	98.07	88.3	−9.77	−9.96
文教、工美、体育和娱乐用品制造业	234.49	176.0	−58.49	−24.94
石油、煤炭及其他燃料加工业	93.29	78.6	−14.69	−15.75
化学原料和化学制品制造业	492.03	345.1	−146.93	−29.86
医药制造业	230.48	211.7	−18.78	−8.15
化学纤维制造业	46.65	43.6	−3.05	−6.54
橡胶和塑料制品业	339.68	297.5	−42.18	−12.42
非金属矿物制品业	589.86	477.2	−112.66	−19.10
黑色金属冶炼和压延加工业	364.90	211.7	−153.2	−41.98
有色金属冶炼和压延加工业	202.42	162.5	−39.92	−19.72
金属制品业	380.82	383.5	2.68	0.70
通用设备制造业	471.28	425.9	−45.38	−9.63
专用设备制造业	354.12	336.8	−17.32	−4.89
汽车制造业	472.17	429.1	−43.07	−9.12
铁路、船舶、航空航天和其他运输设备制造业	190.37	158.4	−31.97	−16.79
电气机械和器材制造业	629.87	585.1	−44.77	−7.11
计算机、通信和其他电子设备制造业	909.26	967.3	58.04	6.38
仪器仪表制造业	105.23	97.2	−8.03	−7.63
其他制造业	42.75	36.1	−6.65	−15.56
制造业合计	8675.94	7116.8	−1559.14	−17.97

数据来源：历年《中国统计年鉴》。

1. 产业持续增长是电子信息制造业就业增长的重要前提

我国制造业营业收入从2015年的98.79万亿元增长到2021年的114.88万亿元，仅增长16.28%，年均增长率仅为2.55%（见表8-2）。制造业内部29个细分行业中，营业收入年均增长出现负增长的有10个，负增长较为明显的主要集中在劳动密集型行业，纺织业年均下降6.6%，纺织服装、服饰业年均下降6.05%，木材加工和木、竹、藤、棕、草制品业年均下降4.96%。出现负增长的行业就业下降也较为明显，纺织业就业下降184.15万人，降幅39.65%，纺织服装、服饰业就业下降192.99万人，降幅42.94%，木材加工和木、竹、藤、棕、草制品业就业下降44.58万人，降幅31.67%，前两个行业位于制造业细分行业就业下降幅度前3名。年均增长率低于3%的行业有10个，年均增长率在3%~5%的有4个。年均增长率超过5%的仅有5个，其中年均增长率超过8%的仅有石油、煤炭及其他燃料加工业（8.38%）和计算机、通信和其他电子设备制造业（8.21%）。电子信息制造业营业收入是2015—2021年制造业细分行业里增长进入前2名的行业，仅次于石油、煤炭及其他燃料加工业。由此可见，产业发展是吸纳就业的重要保证，产业规模增长与就业增长息息相关，只有维持产业持续增长才能促进就业吸纳持续提升。[1]

---

[1] 制造业内部各行业具有不同的特征，在不同发展阶段和不同国内外环境下具有不同的增长曲线，2015—2021年电子信息制造业增长较快，而纺织业等产业却呈现出负增长态势，具有一定的客观性和规律性。本章主要聚焦行业就业问题，试图阐释增长与就业的关系，仅将增长作为外生变量，因此不对各行业增长背后因素进行分析。

表8–2　2015年和2021年我国规模以上制造业各行业营业收入情况

行业	营业收入/亿元		增长幅度/%	年均增长率/%
	2015年	2021年		
农副食品加工业	65378.24	55223.8	−15.53	−2.77
食品制造业	21957.58	21619.6	−1.54	−0.26
酒、饮料和精制茶制造业	17373.35	16207.5	−6.71	−1.15
烟草制品业	9340.79	12144.3	30.01	4.47
纺织业	39986.96	26548.8	−33.61	−6.60
纺织服装、服饰业	22232.83	15291.6	−31.22	−6.05
皮革、毛皮、羽毛及其制品和制鞋业	14659.82	11420.2	−22.10	−4.08
木材加工和木、竹、藤、棕、草制品业	13907.42	10249.0	−26.31	−4.96
家具制造业	7880.67	8265.4	4.88	0.80
造纸和纸制品业	13942.34	15141.6	8.60	1.38
印刷和记录媒介复制业	7401.81	7737.7	4.54	0.74
文教、工美、体育和娱乐用品制造业	15879.78	14772.8	−6.97	−1.20
石油、煤炭及其他燃料加工业	34604.49	56087.2	62.08	8.38
化学原料和化学制品制造业	83564.54	83541.6	−0.03	0.00
医药制造业	25729.53	29583.0	14.98	2.35
化学纤维制造业	7206.21	10330.1	43.35	6.19
橡胶和塑料制品业	31015.89	30309.3	−2.28	−0.38
非金属矿物制品业	58877.11	68512.3	16.36	2.56
黑色金属冶炼和压延加工业	63001.33	96692.5	53.48	7.40
有色金属冶炼和压延加工业	51367.23	70256.6	36.77	5.36
金属制品业	37257.26	49680.9	33.35	4.91
通用设备制造业	47039.64	49383.9	4.98	0.81
专用设备制造业	35873.75	37352.4	4.12	0.68
汽车制造业	71069.40	87724.3	23.43	3.57

续表

行业	营业收入/亿元		增长幅度/%	年均增长率/%
	2015年	2021年		
铁路、船舶、航空航天和其他运输设备制造业	19087.69	18515.6	−3.00	−0.51
电气机械和器材制造业	69183.18	86545.9	25.10	3.80
计算机、通信和其他电子设备制造业	91606.58	147051.9	60.53	8.21
仪器仪表制造业	8741.75	9749.0	11.52	1.83
其他制造业	2771.98	2832.7	2.19	0.36
制造业合计	987939.15	1148771.5	16.28	2.55

数据来源：历年《中国统计年鉴》。

2. 民营企业和小型企业繁荣发展是弥补外资企业就业损失的重要力量

“十三五”以来，我国制造业面临的国内外环境发生复杂深刻变化，特别是2018年中美经贸摩擦以来，我国外贸出口面临重大挑战，以出口为导向的外资企业面临较大困难，出现增长乏力、外转增多等问题，导致我国外资企业就业损失较多。2015—2021年，我国规模以上制造业国有控股企业就业人数下降232.12万人，外商投资和港澳台商投资企业就业人数下降幅度最大，达到687.83万人，私有企业就业人数逆势增长393.24万人，但难以缓解制造业就业下降态势。而对于电子信息制造业，2015—2021年，我国电子信息制造业国有控股企业就业人数增加6.01万人，私有企业就业人数增加138.95万人，外商投资和港澳台商投资企业就业人数下降143.86万人。同期，我国电子信息制造业外商投资和港澳台商投资企业营业收入仅增长18.7%，而私有企业增长174.9%。私有企业就业增加基本填补了外商投资和港澳台商投资企业就业的下降。外资企业规模一般较大，主要是大中型企业，外资企业的下行也导致我国大中型企业就业出现大幅下滑。2015—2021年，我国规模以上制造业大中型企业就业人数下降1409.58万人，小型企业就业人数小幅下降149.56万人。反观电子信息制造业，2015—2021年，我国电子信息制造业大中型企业就业人数同样也出现了下降，但小型企业就业人数逆势上扬，增加超过60万人（见表8-3），弥补了大中型企业的就业下降。同期，再从企业个数来看，我国电子信息制造业企业个数从2015年的14594个上升到2021年的24160个，增加65.55%，远高于全部制造业的14.82%。其中，大中型企业仅增加282个，而小型企业增加9284个。

表8-3　我国制造业和电子信息制造业不同类型企业就业人数

单位：万人

企业类型	制造业			电子信息制造业		
	2015年	2021年	2015—2021年	2015年	2021年	2015—2021年
国有控股	1011.82	779.7	−232.12	70.29	76.3	6.01
私有企业	3307.46	3700.7	393.24	141.65	280.6	138.95
外商投资和港澳台商投资	2311.43	1623.6	−687.83	570.96	427.1	−143.86
大中型	5390.78	3981.2	−1409.58	775.50	773.4	−2.1
小型	3285.16	3335.6	−149.56	133.76	193.9	60.14

数据来源：历年《中国统计年鉴》。

3."机器换人"是提升产业效率和竞争力、促进产业持续增长的必由之路

近些年来，我国制造业智能化发展加快，"机器换人"成为越来越多企业提升效率和竞争力的重要手段，这也导致制造业单位营业收入吸纳就业出现快速下降的现象。2021年，我国规模以上制

造业每亿元营业收入可以吸纳61.95人就业，相比2015年的87.82人下降25.87人。制造业内部所有细分行业都出现了“机器换人”、单位营业收入吸纳就业人数快速下降的现象。在29个制造业细分行业里，每亿元营业收入吸纳就业人数下降最多的5个行业是皮革、毛皮、羽毛及其制品和制鞋业（43.15人），黑色金属冶炼和压延加工业（36.03人），纺织服装、服饰业（34.43人），计算机、通信和其他电子设备制造业（33.48人），造纸和纸制品业（30.75人）（见表8-4）。这表明电子信息制造业就业增加并非因“机器换人”少，相反该行业也发生了大规模的“机器换人”，有效降低了行业的人工成本，提升了行业竞争力。

以富士康为例，2019年，富士康在深圳龙华打造了一家世界知名的黑灯工厂，所有生产均由电脑控制，覆盖表面贴装、数控加工、机器人、组装测试、环境数据采集等多个场景。该工厂可以提高生产效率30%，降低库存周期15%，工厂人力节省280人，减幅达到88%。再以Oppo东莞工厂为例，近年来Oppo东莞工厂加快了智能化升级，取得了一定成效。2022年Oppo东莞工厂的智能化升级使整体制造周期比2020年缩减58%，每条生产线平均每10秒生产一台手机，相比2020年，一台手机的制造成本下降接近40%。除了产能与效率，通过智能化改造，Oppo远程从东莞总部工厂进行数据判断，有利于统一全球化生产标准，解决各地工厂生产标准不一的难题。

表8–4　2015和2021年我国制造业单位营业收入吸纳就业人数

单位：人/亿元

行业	2015年	2021年	2015—2021年
农副食品加工业	64.97	49.71	−15.26
食品制造业	96.57	82.15	−14.42
酒、饮料和精制茶制造业	96.02	69.54	−26.48

续表

行业	2015年	2021年	2015—2021年
烟草制品业	22.36	13.09	−9.27
纺织业	116.15	105.58	−10.57
纺织服装、服饰业	202.17	167.74	−34.43
皮革、毛皮、羽毛及其制品和制鞋业	200.51	157.35	−43.15
木材加工和木、竹、藤、棕、草制品业	101.23	93.86	−7.36
家具制造业	152.37	135.26	−17.11
造纸和纸制品业	96.79	66.04	−30.75
印刷和记录媒介复制业	132.49	114.12	−18.38
文教、工美、体育和娱乐用品制造业	147.67	119.14	−28.53
石油、煤炭及其他燃料加工业	26.96	14.01	−12.95
化学原料和化学制品制造业	58.88	41.31	−17.57
医药制造业	89.58	71.56	−18.02
化学纤维制造业	64.74	42.21	−22.53
橡胶和塑料制品业	109.52	98.15	−11.36
非金属矿物制品业	100.18	69.65	−30.53
黑色金属冶炼和压延加工业	57.92	21.89	−36.03
有色金属冶炼和压延加工业	39.41	23.13	−16.28
金属制品业	102.21	77.19	−25.02
通用设备制造业	100.19	86.24	−13.95
专用设备制造业	98.71	90.17	−8.54
汽车制造业	66.44	48.91	−17.52
铁路、船舶、航空航天和其他运输设备制造业	99.73	85.55	−14.18
电气机械和器材制造业	91.04	67.61	−23.44
计算机、通信和其他电子设备制造业	99.26	65.78	−33.48
仪器仪表制造业	120.38	99.70	−20.67
其他制造业	154.22	127.44	−26.78
制造业合计	87.82	61.95	−25.87

数据来源：历年《中国统计年鉴》。

我国电子信息制造业是典型的出口导向型产业，需要与全球电子信息制造业竞争，“机器换人”提升了我国电子信息制造业成本优势，促进行业竞争力提升，有利于行业提升全球市场份额，促进行业的快速增长，为吸纳就业创造了空间。若我国电子信息制造业减缓或停滞“机器换人”，将给行业国际竞争力带来重大负面影响，在国际市场上行业竞争力的退坡，可能会导致行业的衰退，进而带来大量失业。也就是说，“机器换人”在提升产业竞争力时减少了企业部分就业，但若减缓或停止“机器换人”，则可能会导致行业衰退，出现企业倒闭的情况，导致企业人员全部失业。

二、电子信息制造业就业的隐忧问题

（一）需求萎缩叠加产业外迁带来产业吸纳就业压力

需求萎缩和产业外迁将给我国电子信息制造业发展带来严重影响，同时也将给电子信息制造业就业带来压力。从内需来看，我国电子信息产业主要产品销售进入下行渠道，近两年表现更为突出。2016年，我国手机出货量达到5.6亿台，但在此之后，我国手机出货量持续下降，2022年下降到2.72亿台，不足2016年的一半（见图8-1）。我国个人电脑（PC）出货量也经历了类似的下行趋势，从2015年的5791万台下降到2022年的4850万台，唯一不同的是在2020年新冠疫情后，随着居家办公的增多，2021年我国个人电脑出货量快速增长到5710万台，接近2015年的水平（见图8-2），但这一趋势不具有可持续性。从外需来看，我国这几类产品出口也在快速下降。我国手机出口量已经从2015年的13.43亿台快速下降到2022年的8.22亿台（见图8-3）。我国笔记本电脑出口量也从2020年的1.81亿台下降到2022年的1.66亿台。我国电子信息制造业外需的下降主要源自全球电子信息产品需求不足。自2022年第一季度始，全球手机、PC出货量均为负增长，PC在2022年第四季度和2023年第一季度一度跌至近30%的负增速（见图8-4）。

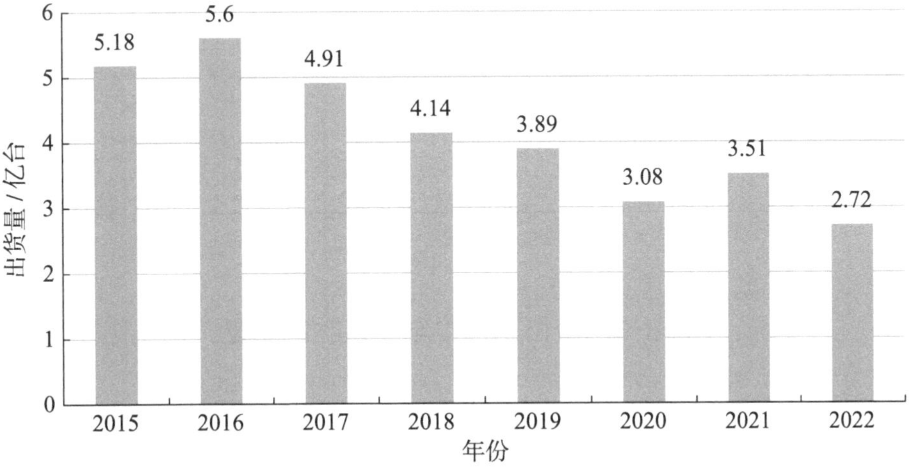

图8-1　2015—2022年我国手机出货量

数据来源：中国信通院。

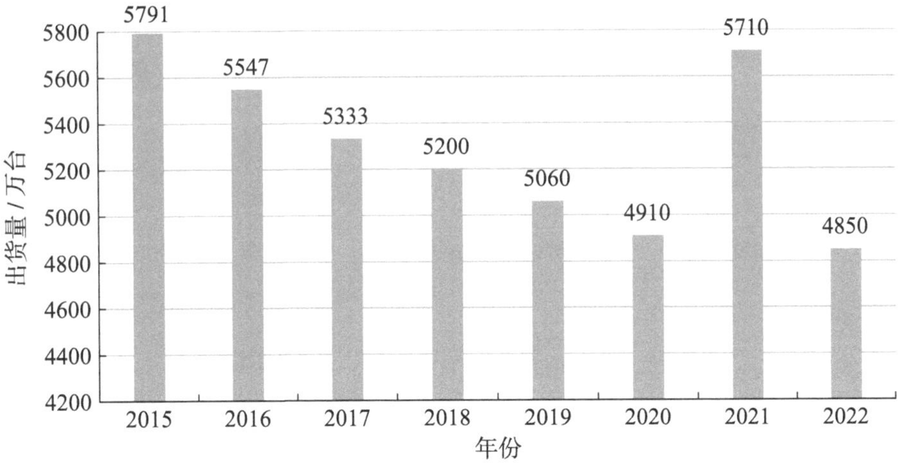

图8-2　2015—2022年我国PC出货量

数据来源：中国互联网数据中心。

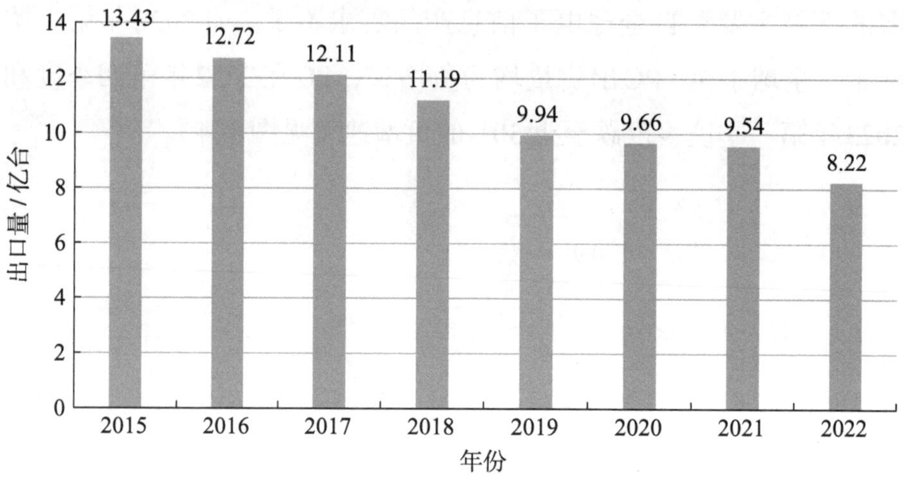

图8-3 2015—2022年我国手机出口量

数据来源：华经产业研究院。

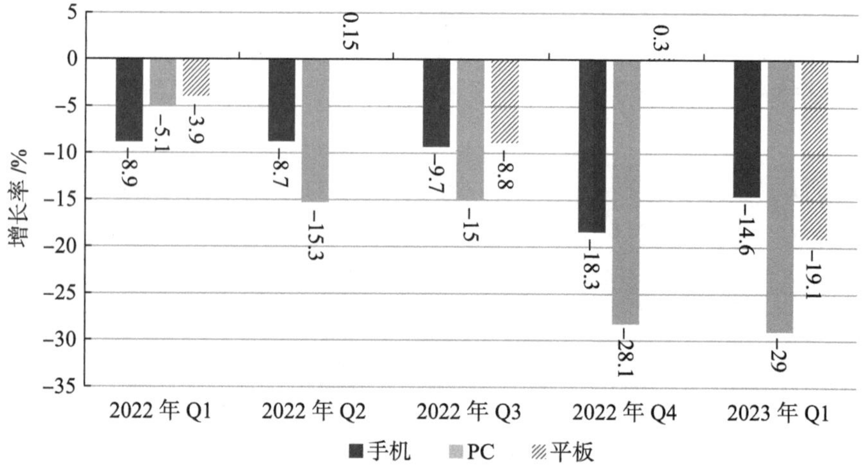

图8-4 全球主要消费电子产品出货量同比增长

数据来源：中国互联网数据中心。

自中美经贸摩擦以来，以美国为代表的西方发达国家加大了对我国电子信息产业的打压力度，导致我国电子信息产业脱钩断链风险增加，再叠加传统要素成本优势下降等因素，我国电子信息制造业企业外迁增加。以手机为例，从手机产量的角度来看，2016—2021年我国手机产量在全球中的占比从74.0%下降至67.0%；从出口额角度来看，2015—2021年我国手机出口额占全球的比重从52.7%下降至49.2%。而印度、越南成为我国手机产业转移的承接地。2016—2021年，印度手机产量占全球的比重提升了7个百分点。部分跨国企业加速前往越南等地。出于供应链安全的考虑，苹果公司加速将供应链转向越南、印度。富士康、歌尔声学提出将分别投资1亿美元和2.8亿美元在越南新建工厂。苹果手机镜头、摄像头供应商舜宇光学于2023年3月提出，将投资20亿~25亿美元在越南新建工业中心。[1]除苹果公司以外，三星公司也在加速外迁。2019年，三星公司在我国的营业收入占比达到18.06%，但到2021年和2022年，这一数据分别下降至16.29%和11.78%，而到了2023年第一季度，这一数据仅为8.73%，首次跌破两位数。

（二）产业创新人才缺乏较为严重

电子信息制造业是一个高度依赖研发投入的技术密集型行业。2021年，计算机、通信和其他电子设备制造业R&D经费投入强度达到2.43%，比制造业平均水平高0.97个百分点，在制造业细分行业里仅低于铁路、船舶、航空航天和其他运输设备制造业（3.35%），仪表仪器制造业（3.21%），医药制造业（3.19%），以及专用设备制造业（2.77%）。这决定了电子信息制造业对创新人才的强劲需求。2021年，计算机、通信和其他电子设备制造业R&D人

---

[1] 数据来源：柳书琪，《果链外迁，一场豪赌》，《财经十一人》公众号，2023年5月29日。

员全时当量达到71.3万人，比排名第二的电气机械和器材制造业多33.6万人，R&D人员全时当量占就业比重达到7.37%，仅低于仪器仪表制造业（9.60%）和专用设备制造业（7.43%）（见表8–5）。

表8–5　2021年我国制造业各行业R&D经费投入强度、R&D人员全时当量及占就业比重

行业	R&D经费投入强度/%	R&D人员全时当量/人	R&D人员全时当量占就业比重/%
农副食品加工业	0.63	65454	2.38
食品制造业	0.72	51406	2.89
酒、饮料和精制茶制造业	0.40	21245	1.89
烟草制品业	0.21	3597	2.26
纺织业	0.87	107400	3.83
纺织服装、服饰业	0.75	48096	1.88
皮革、毛皮、羽毛及其制品和制鞋业	0.91	40092	2.23
木材加工和竹、藤、棕、草制品业	0.88	22177	2.31
家具制造业	1.23	36626	3.28
造纸和纸制品业	0.90	38581	3.86
印刷和记录媒介复制业	1.24	29472	3.34
文教、工美、体育和娱乐用品制造业	0.73	53136	3.02
石油、煤炭及其他燃料加工业	0.34	23418	2.98
化学原料和化学制品制造业	1.03	200470	5.81
医药制造业	3.19	154596	7.30
化学纤维制造业	1.64	26413	6.06
橡胶和塑料制品业	1.71	142305	4.78
非金属矿物制品业	0.81	171493	3.59
黑色金属冶炼和压延加工业	0.94	92522	4.37

续表

行业	R&D 经费投入强度 / %	R&D 人员全时当量 / 人	R&D 人员全时当量占就业比重 / %
有色金属冶炼和压延加工业	0.68	79397	4.89
金属制品业	1.37	172474	4.50
通用设备制造业	2.27	291787	6.85
专用设备制造业	2.77	250408	7.43
汽车制造业	1.61	260452	6.07
铁路、船舶、航空航天和其他运输设备制造业	3.35	112074	7.08
电气机械和器材制造业	2.10	377165	6.45
计算机、通信和其他电子设备制造业	2.43	712827	7.37
仪器仪表制造业	3.21	93297	9.60
其他制造业	2.34	15396	4.26
制造业合计	1.46	3693776	5.19

数据来源：《2021年全国科技经费投入统计公报》《2022年中国统计年鉴》。

我国创新人才难以满足电子信息制造业转型升级需求，既限制了产业发展，也抑制了产业的高质量就业。以半导体产业为例，当前我国半导体产业创新人才缺乏严重，无法有效开展研发项目，导致我国半导体产业研发投入不足。2022年，我国半导体产业研发投入强度仅为7.6%，远不及美国的18.75%、欧洲的15%、韩国的9.1%和日本的8.3%（见图8-5）。据中国半导体协会预测，2025年中国半导体专业人才缺口将扩大至30万人。半导体领域的人才培养周期过长，半导体厂商为了增加自身竞争力，只能高薪酬"挖人"。很多高端人才的薪酬可能翻两倍、三倍甚至更多。当前国内半导体产业人才总量不足，高端半导体专业人才稀缺，半导体产业

“抢人”氛围浓厚，企业招工困难。

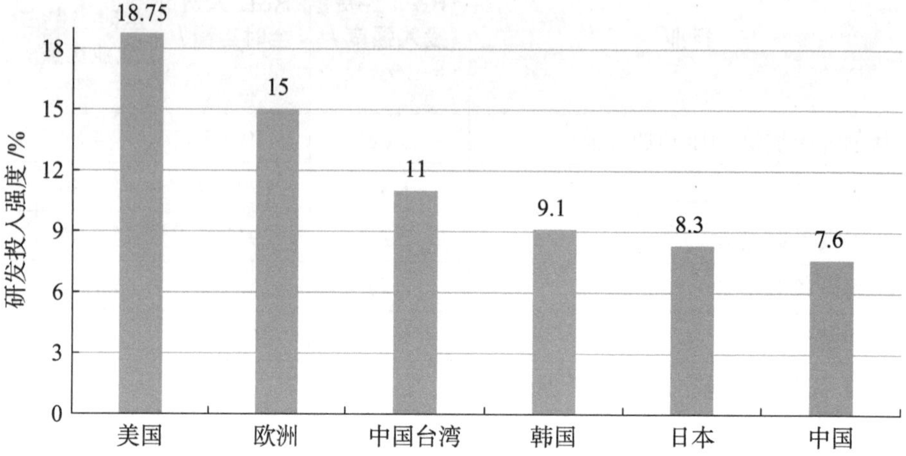

图8-5　2022年全球主要国家和地区半导体产业研发投入强度

数据来源：美国半导体行业协会（SIA）。

产业创新人才缺乏主要有两个方面的原因。一是产教脱节。一方面，高校培养的高端人才并没有流向半导体等电子信息制造业。例如，2020年我国半导体相关专业毕业生规模在21万人左右，约占毕业生总数的2.30%。而在这21万毕业生中仅有13.77%的毕业生从事半导体产业相关工作，数量还不到3万人。另一方面，高校对产业发展的高端人才培育准备不足、重视不够。在2018年以前，我国半导体产业发展相对滞后，高校对半导体产业人才培育的重视不够，投入相对不足，但到2018年中美经贸摩擦后，半导体产业国产化浪潮出现，涌现出对人才的强劲需求，但高校师资等相关力量的准备是需要一定时间的，影响了当前的产业发展。二是人才流失。我国高水平人才出国留学的多，但回国的相对较少。根据《美国博士学位调查》，自2010年以来中国留学生毕业后留美工作的意向一直上升。2020学年，来自中国大陆及香港地区的博士学生90%

攻读的是科学与工程（S&E）领域专业，非S&E领域中国留学生不到700人，但有超过81%的中国大陆博士学位获得者意向留美工作。苹果、高通和英特尔等国际顶尖半导体企业处于发展成熟期，薪资待遇高，更能吸引人才的加入。

（三）就业环境限制电子信息制造业吸纳年轻一代就业

除创新人才以外，我国电子信息制造业还需要大批熟练操作的技术工人，但当前我国年轻一代不愿意从事生产制造，技术工人普遍文化程度偏低、技术能级偏低，特别是高等级技术工人年龄大的多，年轻的少，将给我国电子信息制造业未来发展带来较多限制，这也制约了电子信息制造业对就业的充分吸纳。以富士康河南工厂为例，富士康80%以上的员工在富士康工作的时间都在1年以下，不到10%的员工工作时间超过2年，很多年轻人在富士康"体验工作"后就离开了（卢海川，2022）。

这主要是因为技术工人就业环境欠佳。一是社会认同度不高。虽然一直提倡劳动无贵贱，但现实中依然普遍存在唯学历的评价观，社会对技术工人的认同感不强。由于当前社会上对技术工种的偏见还较普遍，导致家长不愿让子女上技工学校，学生自己也认为读技校会"低人一等""没前途"，直接影响了技术工人队伍成长。虽然少数高技能领军人才和高技能人才赢得了社会的尊重，但社会对技术工人整体的认同尚需各方进一步努力。二是生产生活环境不佳。技术工人普遍工作累、工资低、环境差，导致技术岗位缺少应有的吸引力。现在"90后""00后"已成为社会主力军，他们的择业观、就业观不同于"70后""80后"，收入的多寡已经不是第一诉求，更加强调工作生活环境，特别关注有无文体娱乐等设施，出现"体验式""旅游式"就业现象。对脏、累、苦等一线技术工种就业意愿低，存在“断层”危险。三是个人成长通道不畅。技术工人的发展空间和晋升渠道较单一，成长的系统路径和激励机制尚未形成，导致技术岗位缺少应有的吸引力，愿意在生产一线从事生产操作的人相对较少，年轻的技术工人转岗的意愿十分强烈。

三、启示与建议

（一）启示

本章通过对2015—2021年规模以上制造业及其细分行业就业数据发现了电子信息制造业就业“增长之谜”，研究分析了“增长之谜”背后的经验规律，对制造业就业具有一定启示。

一是要辩证看待制造业发展和就业的关系。相比制造业内部其他细分行业，2015—2021年，仅有电子信息制造业就业增加超过50万人，增长幅度超过5%。而电子信息制造业就业增加最大的原因是电子信息制造业在2015—2021年保持高速增长，年均增速达到8.21%，为吸纳就业提供了重要保证。当前稳就业成为宏观经济政策的重要目标，但稳就业目标并不是孤立的，制造业稳就业必须与制造业发展联系在一起。制造业高质量就业应是“人产和谐”的就业，即就业与发展互为支撑，在发展中促进就业质量提升。制造业高质量就业内在地要求制造业高质量发展，制造业高质量发展是制造业高质量就业的重要保障。只有通过不断降低投入成本，提升国际竞争力水平，推动制造业稳定高效发展，才能促进制造业质和量的提升，才能为就业创造更多岗位和更多就业福利。

二是要高度重视民营企业和小型企业对就业的吸纳作用。近年来，我国电子信息制造业外商投资和港澳台商投资企业发展受阻，就业相应下滑较为严重，但私有企业就业在2015—2021年增长138.95万人，基本弥补了外商投资和港澳台商投资企业的就业损失。同期，电子信息制造业小型企业就业增加60.14万人，不仅弥补了大中型企业损失的就业2.1万人，还带来了电子信息制造业就业的增长。因此，要充分认识民营企业和小型企业对就业的吸纳作用，营造有利于民营企业和小型企业发展环境，依法保护民营企业产权和小型企业家权益，促进各类企业公平平等地展开市场竞争，特别是要采取有针对性的措施和改革支持民营企业和小型企业发展，提升制造业民营企业和小型企业对就业的吸纳能力。

三是要理性认识"机器换人"带来的就业损失问题。近年来，我国电子信息制造业加大了智能化改造力度，通过"机器换人"较大幅度提升了产业的发展效率和产业竞争力，有力促进了我国电子信息制造业做大做强，从而为电子信息制造业吸纳就业提供了强有力的保障。产业智能化和"机器换人"在短期会直接带来就业损失，给制造业就业带来压力，但也要认识到产业智能化已成为工业行业改造升级、提质增效的重要方式，是激发制造模式、生产方式及产业形态深刻变革的重要抓手，对重塑工业发展新优势、提升国际竞争力具有重要意义。包括电子信息制造业在内的我国制造业是典型的出口导向型产业，是参与国际竞争、抢占全球市场份额的主要产业，如若减缓甚至停止智能化步伐，则可能导致企业竞争力难以保持，甚至会带来企业被淘汰、破产的风险，进而带来企业全部就业损失。因此，要正确处理好"机器换人"和稳就业的关系，要尊重企业的智能化选择，在维持竞争力的前提下考量"机器换人"和稳就业的平衡问题。

（二）对策建议

当前我国电子信息制造业就业也同样面临较多问题，代表了我国制造业就业存在的一些共性问题，因此要采取有针对性的措施，减缓或消除这些问题对我国制造业就业的负面影响，促进制造业高质量就业。

一是稳定制造业发展市场需求。促进汽车、家电等耐用品消费，对个人消费者置换购买纯电动汽车和绿色智能家电的给予一定财政补贴。充分发挥重大项目牵引作用，完善协调机制，推动重大产业项目、重大基础设施项目、重大民生项目等加快开工建设。加快推动加入《全面与进步跨太平洋伙伴关系协定》（CPTPP）等区域协定，稳住欧美等海外市场。加快推进“一带一路”建设，鼓励本土金融机构提供新兴市场出口保险，降低本土企业的出口风险。支持外贸企业抢订单拓市场，组织外贸企业参加各类境内外展会。加快促进房地产业健康发展，加快推动城市更新行动，大力促进老旧小区改造，提升上游制造业发展需求。

二是引导制造业向中西部地区有序转移。推动建立跨区域产业协作机制，加强东部发达地区与内陆地区间的产业协调，畅通产业合作渠道，激发各方主体积极性，探索多种形式的区域协同发展机制和产业转移引导机制。统筹推进国家产业转移平台建设，加大对中西部地区国家产业转移示范区等平台载体的支持力度，给予更大力度的试点示范权利和政策支持，推动重大改革试点落地，支持新型基础设施建设，加大财税支持力度。加快复制东部沿海地区开放政策，增加中西部自由贸易试验区、国家级开发区、综合保税区等开放平台数量，缩小东中西部开放政策差距。完善中西部的港口、口岸、高速公路、城际轨道交通、互联网等基础设施和公共服务体系建设。

三是提升制造业人才引进和培育水平。深入实施留学人员回国支持计划，依托高水平创新型制造业企业，遴选资助一批高层次人才回国。引导和鼓励地方加大对回国高端人才和境外高端人才来华的支持力度，在配偶就业、子女入学、医疗、住房、社会保障等方面完善相关措施。推动产教融合发展，支持制造业重点企业参与世界一流大学和一流学科建设，促进制造业相关学科交叉融合，精准对接重点领域人才需求，促进学科专业设置与产业创新协调衔接。积极发展职业技术本科教育，创建一批高水平的应用型大学和职业技能型大学。建立校企协同育人机制，形成具有制造业特色的人才培养模式，促进校企深度协同，推行现代学徒制和企业新型学徒制，开展职业资格证书改革试点和高层次产业技术人才学位制试点。

四是营造支持制造业就业良好环境。加强社会舆论引导，大力宣传工匠精神，表彰突出贡献技能人才，树立平凡岗位技术工人典型，改变职业教育等同于"次等教育"的社会认知偏差，形成"职业教育照样成才"的浓厚氛围，让年轻人觉得做技术工人同样光荣，增强技术工人获得感、自豪感、荣誉感。建立完善科学完备的员工激励与考评制度机制，促进能者不仅多劳更能多得，构建优质高效的竞争环境。鼓励企业建立各种形式的创新工作室和创新小组，增强对技术工人的吸引力，进一步发挥工匠、劳模创新工作室在技术工人创新中的引领作用。大力弘扬劳模精神、劳动精神、工匠精神，在全社会营造尊重劳动、崇尚技能、鼓励创造、追求卓越的社会风尚。

第九章　制造业就业：怎么样、怎么看、怎么办？

——基于对5省12市32所院校和100余家企业的调研分析

内容提要： 制造业作为吸纳就业的重要载体，在改革开放后的较长时期起到带动就业主力军的作用。当前我国制造业就业面临严峻形势，就业总量和占比连续多年“双下降”，2023年呈现“招工少”“工时减”“工价降”的特征，“普工用工少”“技工招不到”成为制造业用工的结构性矛盾。应客观看待我国制造业就业新形势新变化，从供需双侧理解制造业就业总量和占比下降的一般规律。从供给侧制造业发展形势来看，产业海外转移的“岗位转移”效应和新技术应用的“就业替代”效应是制造业就业总量和占比下降的中长期影响因素，订单减少、利润下降是当前制造业企业用工需求不高的短期因素；从需求侧青年群体就业意向来看，制造业就业质量不高导致年轻人“不愿进”“不想进”。在当前就业形势复杂严峻的背景下，为稳定制造业就业总量，提高制造业就业吸纳能力，建议坚持供需双侧发力、长短期分类施策，以增强制造业综合竞争力为根基，以制造业降本减负为抓手，着力提升就业质量，加强技能成才观念引导，增强制造业吸纳就业能力，以高质量就业吸引更多人投身制造业，着力推动制造业高质量就业。

一、调研背景

制造业是立国之本，强国之基，也是吸纳就业的重要载体，具有较强的稳就业促就业能力。长期以来，我国制造业的快速发展，直接或间接创造了很多就业岗位，吸纳了大量农业转移人口，发挥了带动就业主力军的作用。但近年来，我国制造业就业总量和占比持续“双下降”，尤其是2023年春节以来，受产品市场需求不足、订单减少等短期因素影响，制造业用工需求大幅减少，“招工少”取代了“用工荒”，稳定制造业就业压力变大。2023年4月14日，国务院常务会议明确提出，稳定制造业、外贸企业等就业规模。面对制造业就业总量和占比快速下降、企业用工需求减少、青年就业压力加大等形势，2023年5月、8月和9月，我们选择广东省、山东省、河南省、河北省和广西壮族自治区等5省12个城市32所院校（含技工院校）和100余家制造业企业开展调查研究（见表9-1），与政府部门负责人、制造业企业负责人和从业人员及院校（含技工院校）学生等，通过座谈交流、实地考察、调查问卷、深度访谈等形式，深入了解制造业就业新情况新形势新变化，探讨稳定制造业就业总量的对策举措。

表9-1　调研基本情况

调研时间	调研城市（选择标准）	相关企业	院校（含技工院校）	从业人员
2023年5月13日—17日	广东省东莞市、佛山市、深圳市（用工规模大）	佛山群志光电有限公司、广东万家乐燃气具有限公司等15家企业	广东科技学院、佛山市技师学院和顺德职业技术学院等7所院校	伊之密股份有限公司生产一线普通员工和技能人才

续表

调研时间	调研城市（选择标准）	相关企业	院校（含技工院校）	从业人员
2023年5月18日	广西壮族自治区南宁市（承接产业转移为主）	南南铝业股份有限公司、南宁弗迪电池有限公司、胜美达电机（广西）有限公司等9家企业	南宁职业技术学院（2024年5月设立为南宁职业技术大学）	瑞声科技（南宁）有限公司等5家企业生产一线员工
2023年5月24日	河北省石家庄市（制造业就近务工人口较多）	河北敬业集团、石药集团、长城汽车股份有限公司等11家企业	河北科技大学、河北经贸大学和河北轨道运输职业技术学院等6所院校	河钢集团、晶澳太阳能有限公司等5家企业生产一线员工
2023年5月25日—27日	河南省郑州市、洛阳市、许昌市、漯河市（农业转移和就业务工人口多）	河南黄河旋风有限公司、许继集团、河南瑞贝卡发制品股份有限公司等33家企业	河南大学、河南技师学院和河南职业技术学院等12所院校	许昌振德医用敷料有限公司、河南森源电气股份有限公司等12家企业一线员工和技能人才
2023年8月30日—9月2日	山东省德州市、济南市、青岛市（用工规模大）	德州恒丰集团、山东新华制药有限公司、青岛海尔集团等35家企业	济南职业学院、青岛职业技术学院和青岛市石化高级技工学校等6所院校	山东重汽集团、海信视像科技股份有限公司等11家企业一线员工和技能人才

二、当前制造业就业形势究竟“怎么样”？

（一）历史变动趋势：总量和占比“双下降”

一是就业总量和占比持续下降。从规模以上制造业企业就业人数来看，自2014年开始，我国制造业就业人数和占比开始下降，2014—2021年规模以上制造业企业就业人数由8849.9万人降至7161.5万人，7年累计减少1688.4万人，年均减少241.2万人，占总就业人数的比重从11.6%降至9.6%，下降2个百分点。分行业看，劳动密集型行业和部分重化工行业就业人数大幅下降。2014—2021年，就业人数减幅超过150万人的行业为纺织服装鞋帽制造业、纺织业、黑色金属冶炼及压延加工业、农副食品加工业，分别减少193万人、184万人、153万人和150万人。

二是就业总量和占比比先行工业化国家下降过早。从美国、英国、德国、法国、日本、韩国等先行工业化国家的经验来看，制造业就业总量和占比下降往往发生在人均GDP达到13000美元以后。相比之下，我国制造业就业总量和占比下降过早。2014年，我国制造业就业总量和占比下降时，人均GDP仅为7485美元，刚刚步入中等收入国家行列。

（二）2023年就业形势："招工少""工时减""工价降"

一是制造业就业由"用工荒"向"招工少"转变。2023年春节后，制造业"用工荒"问题未大范围出现，企业用工需求减少，广东、浙江、江苏等用工大省并没有出现往年"工厂求着劳务中介帮助招工"现象，制造业就业的主要矛盾由"招工难"转向"招工少"。郑州富士康科技集团人力资源部负责人表示，当前用工需求较高峰期减少40%、约12万人，全国苹果手机产业链2023年6月前没有新增用工需求。2023年5月，佛山市1200家定点监测企业数据显示，在岗员工人数同比下降5.1%，环比下降0.3%，比1月下降3%。

二是一线生产工人工作"工时减"特征明显。随着用工需求减少，部分企业尤其是一些以出口为主的企业已经取消夜班，周末加班时间大幅减少，一些一线生产工人"周末双休"成为常态。郑州富士康科技集团人力资源部负责人表示，一线生产工人周六日基本没有加班任务，每周工作时间较高峰期减少11个小时左右。广州市某日资汽车配件公司流水线工人表示，2023年以来工作基本"朝九晚五”，加班大幅下降，周末接近“双休”。深圳市某生产经营新型电子元器件的公司员工表示，春节过后工作日每天工作8个小时且周周双休。

三是一线生产工人“工价降”趋势明显。一线生产工人的劳动报酬随着工作时间缩短而降低。2023年春节后，江苏省昆山市电子厂平均工价由2022年平均24元/小时左右降至当前18元/小时~20元/小时，降幅约20%。郑州富士康公司人力资源部负责人表示，取消周末加班任务，一线生产工人收入减少约30%。深圳市一家电子厂员工表示，现在月工资比上一年平均水平下降40%，因外部就业环境不好，工资低也不敢轻易辞职。东莞市一家以出口为主的手机配件公司发布公告，受海外订单骤减、经营业绩下降等原因，公司部分员工工资下降20%。

（三）就业结构态势：“普工用工少”“技工招不到”

一是制造业普工需求持续减少。受订单减少、利润下降等因素影响，制造业企业对扩大生产、增加用工持保守态度，用工需求较弱。统计数据显示，2022年1—11月，制造业从业人员指数一直在50%以下，长期处于收缩区间。2023年9月制造业企业平均用工人数比2022年12月减少297万人。广西某人力资源开发公司负责人表示，往年与该公司密切合作的35家制造业企业总招工约2000人，2023年仅有南宁两家企业各招工50人。2023年9月，东莞市2196家监测制造业企业计划招聘人数同比下降23.29%。由于制造业企业用工需求减少，农民工等一些普通劳动者陷入“进厂难”窘境，部分企业提高招聘要求，挑性别、挑年龄、挑学历等现象突出。“进厂难”导致部分城市农民工等群体不得已去送外卖。美团研究院数据显示，目前广州、深圳、青岛等城市外卖员处于饱和状态。

二是技术技能人才需求旺盛但“招不到”。与一线普工“招工少”形成鲜明对比的是，制造业技能人才需求旺盛但却面临“招不到”“技工荒”的境况。截至2023年9月底，东莞市3050家监测企业技能人才求人倍率为1.42，比一线普通工人求人倍率（0.78）高0.64。福州市某汽车配件公司负责人表示，公司关键岗位需要技能人才5~8人，从年初到现在仍未招满。山东华鲁恒升化工股份有限公司、山东普利森集团人力资源负责人均表示，近年来，公司为了招到高技能人才，在全国范围内与一些职业院校、普通高等学校合作定制培养人才，以“订单班”形式招聘人才。由于技能人才总体供给严重不足，企业间“挖人”“抢人”等现象突出。南宁市某铝业公司负责人表示，高级技术技能人才流动较大，平均流失率约19.6%，最高达23.7%。许昌市许继集团有限公司负责人表示，国有企业受工资总额限制，技能人才收入待遇受到一定限制，一些高级技工因待遇水平难以提高而选择离职。

三、制造业就业新形势新变化“怎么看”？

（一）从宏观制造业发展形势看：产业向海外转移的“岗位转移”效应和新技术应用的“就业替代”效应逐渐加大

一是制造业向海外转移减少国内就业机会。近年来，美国及其盟友推行“制造业回流”“近岸生产”“友岸外包”，加快产业链“去中国化”，叠加我国制造业生产经营综合成本上升，一些跨国企业产能外迁趋势加快，部分国内企业被链主企业“裹挟”，部分生产环节甚至产业链整体被迫向海外转移现象增多，直接减少国内就业机会。同时，我国部分产能被由韩国、日本、印度、新加坡、马来西亚、越南等组成的“亚洲替代供应链”取代风险上升，导致本地企业投资扩产信心不足，用工预期减弱。广东省工信厅相关负责人反映，美国苹果公司逐步要求企业供应商将产能转移至越南和印度。佛山市工信局相关负责人表示，2022年以来，佛山市制造业企业迎来第四轮海外设厂新浪潮，2023年以来，1200家定点监测企业中已有超过300家企业将部分生产线向海外转移或在海外新建生产基地。长远来看，这些产能转移不仅影响制造业就业规模，还将加剧全国就业压力。

二是人工智能等新技术对就业的“替代效应”逐渐显现。近年来，我国大力推动制造业企业技术改造，制造业加快向自动化智能化转型升级。国际机器人联合会相关数据显示，2013—2022年，我国制造业每万名员工的机器人密度由25台增至322台，十年增长约13倍。以工业机器人为代表的自动化技术在制造业企业应用，创造了许多新领域和技工岗位，但也“消灭”了很多简单重复岗位，大量普工被替代。浙江省工信厅相关负责人表示，十年前，浙江通过“机器换人”两年内减少了操作工人超过130万人。广东省东莞市工信局统计，2014年9月至2023年6月，全市共实施“机器换人”及设备更新项目4653个，共减少普工40万人，增加技术技能人才需求6万人，综合减少用工34万人。

（二）从中观企业发展实际看：订单减少、利润下降降低用工需求

一是订单减少。2023年以来，我国制造业企业尤其是外向型企业出现订单下降的趋势。制造业新订单指数和生产指数连续多月处于50%荣枯线以下，直接减弱了企业用工需求，促使2023年3月以来制造业从业人员指数连续下降且处于50%荣枯线以下。4月，福建省某化纤企业负责人反映，自2022年12月以来，公司订单量

持续下降，目前只有2~3个月的订单量。深圳某电子制造公司负责人表示，一季度订单创新低，对全年订单需求整体保持中性态度，招工整体会更保守。受外需不足、订单下降等影响，一些制造业企业生产受到较大限制，更加倾向于保持甚至收缩现有用工规模。

二是行业利润下降明显。订单减少、原材料成本上升，导致产能利用不足，行业内部降价“抢单”的现象频发，企业利润下降明显。国家统计局数据显示，2023年前三季度，我国制造业产能利用率仅为75%，比去年同期减少0.7个百分点。国家统计局数据显示，1—10月，全国制造业实现利润总额下降8.5%。山东格瑞德集团人力资源负责人表示，2023年以来公司利润同比下降24%，公司领导反复动员要过紧日子，用工从“招聘难”变为“不招工”，2023年没有招聘计划，员工加薪、津贴、各类奖励等福利能减则减。

（三）从微观青年就业意向看：就业质量不高导致“不愿进”“不想进”

一是收入待遇较低。问卷调查显示，49.98%的青年劳动者收入期望为5000~10000元（见图9-1），而调研发现，一线制造业就业人员普遍反映，其月平均工资仅5000元左右，实际收入低于期望值。与其他行业相比，制造业就业收入水平也较低。2022年，我国规模以上制造业企业就业人员年平均工资为86933元，低于全国平均水平（92492元）5559元，远低于批发零售业的97679元，仅为平均工资最高的信息传输、软件和信息技术服务业（213089元）的40.8%。

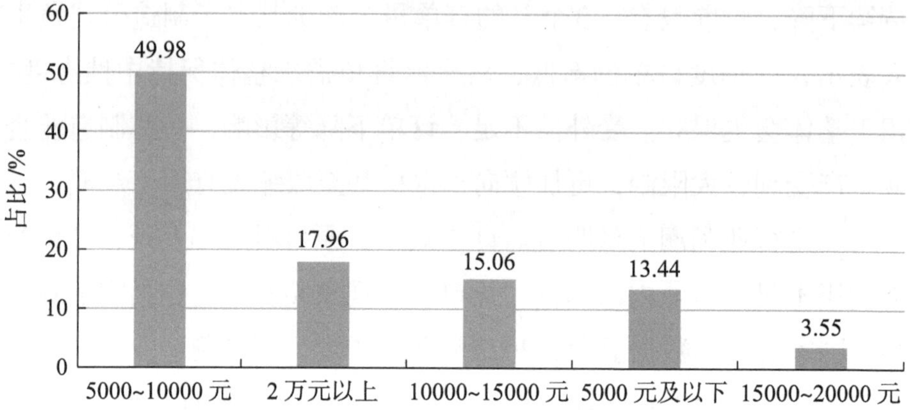

图9-1 青年期望月收入水平不同分组占比

数据来源：全国五万份青年就业情况问卷调查。

二是工作生活环境不优。新生代农民工对工作生活环境要求较高，相对于餐饮、住宿、外卖、快递等服务行业，制造业工作环境相对较差，难以让年轻劳动者作出就业选择。同时，调研访谈发现，是否有“空调、Wi-Fi和独立卫生间”成为年轻劳动者找工作的重要考量。一些年轻劳动者甚至直言，“没有Wi-Fi的企业坚决不去”。调研中大部分大龄制造业从业人员表示，“这行太苦，不想让子女再从事相关职业”。

三是工作自由度不高。当前，“宽松”“自由”成为年轻劳动者求职的重要标准。我国部分制造业企业尤其是劳动密集型行业普遍实行流水线式作业、“两班倒”或“三班倒”等轮班式作息制度、“单休”或“不休”等工作模式，导致把“宽松”“自由”作为求职重要标准的年轻人“不愿进厂”、纷纷逃离制造业。调研中部分青年劳动者表示，一些新能源、汽车、通信等制造业企业待遇较好、保障也有，但难以适应“单休”“两班倒”的工作模式。

四是职业社会认可度不高。当前，全社会对制造业就业仍停留在“流水线”“拧螺丝”“缝针眼”等机械重复、缺乏创新性等传统认识阶段。调研座谈中，很多高校毕业生等青年群体排斥制造业，“怕拧一辈子螺丝、当一辈子工人”，“当工人会被同学和亲戚朋友嘲讽”。也有部分一线劳动者反映，现有的一些国家级激励举措，如“大国工匠”“技能大奖”离他们太远，“感觉永远也够不着、评不上”，希望地方政府尤其是基层政府能够出台一些接地气、够得着、有希望评得上的激励奖励举措。

四、制造业就业今后“怎么办”？

（一）调研启示

1. 行业综合竞争力是前提

增强制造业综合竞争力是提高就业质量的基本前提。改革开放后，尽管我国制造业快速发展，但仍没有摆脱“大而不强、全而不优”的局面，制造业较低的劳动生产率和利润率在一定程度上导致制造业创造了大量劳动生产率较低、技能水平不高、工作时间较长、劳动强度较大等较低质量的工作岗位，难以提供更多高质量的就业岗位，也不能为就业人员提供较高的工资报酬和社会保障。必须通过推动制造业高质量发展，增强综合竞争力，提高盈利水平和劳动生产率，才能创造更多的高质量就业岗位，才能为劳动者提供较高的劳动报酬，改善工作生活环境，提高全社会对制造业的职业认可度，吸引更多年轻一代进入制造业就业。

2. 企业利润是关键

降低成本、增加利润是提高制造业企业用工需求的关键。降低企业综合成本能够提高企业利润率，扩大企业生产规模，增加企业用工需求。当前，我国制造业企业税费、人工、土地、资金、能源、物流等企业生产成本过高，叠加市场需求不足、订单减少导致企业利润率不高，抑制了企业扩大再生产和招工需求。必须推动各项惠企助企政策和减税降费举措落地落实，进一步降低企业生产成本，提高企业利润水平，增强企业用工需求，提高企业用工积极性。

3. 青年就业意愿是保障

提高就业质量是提高青年进入意愿的重要保障。就业质量包括工作稳定性、薪资水平、社保福利、职业发展前景等。就业质量不仅关系到劳动者的权益保护，其优劣还会直接影响就业数量。近年来，我国制造业就业总量和占比持续下降的重要原因是就业质量不高，从业人员待遇偏低、工作环境差、上升空间窄、社会地位不高，社会各界对制造业就业的认可度不高，导致年轻劳动者不愿进入。因此，必须提高劳动者工作待遇，改善劳动者工作环境，强化劳动者权益保障等，通过提高就业质量，着力稳定制造业就业总量和占比。

（二）对策建议

坚持经济发展就业导向，坚持供需双侧发力、长短期分类施策，以增强制造业综合竞争力为根基，切实推动制造业降本减负，着力提升就业质量，强化技能成才观念教育引导，增强制造业吸纳就业能力，以高质量就业吸引更多人投身制造业，着力推动制造业高质量就业，促进制造业既能当国家之“家”，也能当家庭之“家”。

1. 提升制造业综合竞争力，增强中长期就业吸纳能力

第一，培育壮大制造业新动能。发挥新型举国体制优势和龙头企业的创新引领作用，加大对制造业硬科技的研发投入，加强制造业产业基础、产业链短板和堵点环节重点攻关，提高产业基础高级化和产业链现代化水平，增强中间产品、高技术终端产品的国内供给能力。鼓励企业加大基础研究投入，提前布局研发新兴前沿技术，培育壮大战略性新兴产业和未来产业。高位推进先进制造业产业集群建设，持续增强先进制造业产业发展动能。第二，积极应对人工智能等智能化技术应用对就业的影响。建立人工智能等智能化技术应用对就业影响的跟踪研判和协同应对机制，避免其就业替代效应在短期内集中释放。构建不同行业、不同业态间的转岗机制，加快劳动者知识和技能的更新速度，广泛开展人工智能等智能化技术应用适应性、储备性培训，提升人工智能等智能化技术通用技能，充分放大其就业创造效应。第三，扩大承接产业转移平台就业容量。在中西部地区和边境地区扩大承接产业转移示范区范围，支持中西部和边境地区与东部沿海地区通过共建跨区域产业合作园区、发展飞地经济等多种方式搭建承接产业转移平台，采取特殊的财税、金融和土地政策，推动各类要素资源向平台集中，增强承接产业转移能力，推动受成本压力驱动向海外转移的制造业向西部边境地区转移，探索建立外迁企业与承接地企业共同开发、风险共担、利益共享的合作机制，创造更多本地就业岗位，切实留住用工需求。

2.切实推动企业降本减负，增强短期用工需求

第一，实施制造业降本减负行动。鼓励各地出台进一步降低制造业企业融资、租金、物流、用能等成本的措施，加大对库存压力大、订单流失较多的制造业企业实行减税降费、社保减免、房租减免、金融信贷等支持政策，持续引导金融机构加大制造业中长期贷款投放力度，促进制造业提质降本，提升制造业盈利能力。第二，精准支持企业稳订单拓市场。引导地方政府通过组织制造业企业开展产销对接活动、举办展销会和订货会等，帮扶制造业企业拓展市场。支持劳动密集型中小企业运用跨境电商、市场采购贸易、直播电商等新模式，积极开拓国内外市场。

3.加大技能型岗位开发力度，多举措全面提升就业质量

第一，优化劳动者工作生活环境。加强标准化规范化厂房建设，支持企业对生产车间开展降噪、除尘、制冷、去污等，支持园区或企业推广建设标准化单间宿舍，鼓励企业举办托育等社会服务机构，支持产业园区或企业建设员工文化娱乐休闲设施。第二，合理增加制造业劳动者报酬。建立产业工人最低工资制度，强化工资收入分配的技能价值激励导向，鼓励企业对优秀高技能人才实行年薪制、协议工资制、股权期权激励等薪酬策略，设置符合技能人才岗位特点的技能津贴、班组长津贴、带徒津贴等，给予技术创新成果入股、岗位分红等激励。第三，积极开发技能型就业岗位。加快自动化设备、工业机器人等技术深度应用，有步骤地推动简单加工、重复劳作和"危繁脏重"的工作岗位实现自动化智能化替代。积极发展大规模个性化定制、网络协同制造、云制造等新型生产模式，挖掘制造业转型升级中催生出的数字化运维管理员、智能硬件安装调试员、工业机器人系统操作员等新就业岗位。推进先进制造融合集群发展，开发更多依赖于认知、人机互动、创意创造的技能复合型、高附加值就业岗位。

4.强化技能成才观念教育引导，增强岗位吸引力

第一，强化技能成才观念教育引导。加大工程教育体系创新，支持有条件的地区率先实行工程教育进中小学课堂，在中小学开展体验式生产制造教育，增加生产制造实践课程。开展全学段职业技能启蒙与技能文化熏陶行动，深入实施劳模工匠进校园行动，建设一批智能制造实践体验基地，推动职业（技工）院校定期向中小学生开放，教育和引导青少年从小树立辛勤劳动、诚实劳动、创造性劳动的观念。把工匠精神培养纳入职业教育人才培养全过程，创新培养模式，融通校企培养通道，分专业、分工种确定工匠精神培养目标。第二，完善技能人才表彰激励机制。加强对技能人才的表彰力度，各级荣誉适当向高技能人才倾斜。加大以评选“中华技能大奖”“全国技术能手”“大国工匠”荣誉称号为标杆进行人才培育和推荐的力度，广泛开展优秀高技能人才国内外技术交流、休假疗养和节日慰问活动。第三，加大技能人才宣传力度。统筹考虑对技能人才典型的宣传，在全社会广泛宣传技能人才成长事迹，讲好技能故事，树立职业英雄，让大国工匠、青年能手成为广大劳动者特别是青年人学习和奋斗的榜样。打造技能人才宣传品牌，创新宣传方式，制作特色鲜明的宣传产品，进一步形成“有技能、好就业，长技能、就好业，高技能、就业好”的社会共识。

参考文献

蔡昉,2022.在更高水平上实施就业优先战略[J].中国人口科学(6):2-7.

董雪兵,等,2023.中国就业“去工业化”成因测度分析[J].经济学家(3):24-35.

都阳,等,2004.中国制造业工资的地区趋同性与劳动力市场一体化[J].世界经济(8):42-49.

黄群慧,等,2022.中国制造业比重“内外差”现象及其“去工业化”涵义[J].中国工业经济(3):20-37.

江小涓,等,2022.数字技术提升经济效率:服务分工、产业协同和数实孪生[J].管理世界,38(12):9-26.

赖德胜,2022.以高质量充分就业推进中国式现代化[J].中国人口科学(6):20-25.

李玲玲,等,2021.美国加强先进制造业人才培养动因及策略[J].比较教育研究,43(1):44-51.

李天健,等,2019.新时代全面开放下产业发展的使命和任务[J].宏观经济管理(11):12-17.

李彦龙,2020.创新与收入不平等[J].劳动经济研究,8(5):117-144.

李雨豪,等,2021.中国制造业布局的动态变迁及就业效应研究

[J].国际经济合作(6):77-86.

刘盾,等,2021.体面劳动的内涵结构与指标测量:基于质性访谈的量表开发与验证性因子分析[J].管理评论,33(2):227-238.

卢海川,2022.新生代农民工与代工企业的劳资博弈:以郑州富士康为例[D].河南:河南农业大学。

马弘,等,2013.中国制造业的就业创造与就业消失[J].经济研究,48(12):68-80.

毛宇飞,等,2019.互联网使用、就业决策与就业质量:基于CGSS数据的经验证据[J].经济理论与经济管理(1):72-85.

屈小博,等,2016.中国制造业就业动态研究[J].中国工业经济(2):83-97.

沈梓鑫,等,2023.劳动密集型制造业与高质量就业:数字时代的逻辑解析[J].学术月刊,55(2):56-66,158.

史丹,等,2019.中国工业70年发展质量演进及其现状评价[J].中国工业经济(9):5-23.

孙彦红,等,2020.欧盟离"再工业化"还有多远?:欧盟"再工业化"战略进展与成效评估[J].经济社会体制比较(4):147-159.

谭永生,2020.促进我国技术技能人才发展[J].宏观经济管理(2):35-41.

汪芳,等,2022.中国制造业高质量发展水平的测度及影响因素研究[J].中国软科学(2):22-31.

王曙光,等,2021.美国工业化、去工业化和再工业化进程对中国双循环新发展格局的启示[J].山西师大学报(社会科学版),48(4):24-31.

王永钦,等,2020.机器人的兴起如何影响中国劳动力市场?:来自制造业上市公司的证据[J].经济研究,55(10):159-175.

徐伟呈，等，2017.中国制造业就业和工资的影响因素研究：来自细分行业的经验证据[J].南开经济研究（4）：105-124.

闫雪凌，等，2020.工业机器人使用与制造业就业：来自中国的证据[J].统计研究，37（1）：74-87.

严兵，等，2014.制造业行业收入不平等变动趋势及成因分解[J].世界经济，37（12）：27-46.

阳立高，等，2014.劳动力成本上升对制造业结构升级的影响研究：基于中国制造业细分行业数据的实证分析[J].中国软科学（12）：136-147.

杨伟国，等，2018.人工智能应用的就业效应研究综述[J].中国人口科学（5）：109-119，128.

姚战琪，等，2005.资本深化、技术进步对中国就业效应的经验分析[J].世界经济（1）：58-67，80.

叶振宇，2021.中国制造业比重下降趋势探究与应对策略[J].中国软科学（5）：12-25.

袁冬梅，2012.美国制造业重振面临的人才储备挑战[J].国际贸易问题（4）：49-58.

张杰，等，2012.中国制造业部门劳动报酬比重的下降及其动因分析[J].中国工业经济（5）：57-69.

张双伶，等，2021.数字经济发展与河北省就业质量提升：理论逻辑与实证检验[J].经济论坛（11）：128-137.

赵曌，等，2012.市场邻近、供给邻近与中国制造业空间分布：基于中国省区间投入产出模型的分析[J].经济学（季刊），11（3）：1059-1078.

周浩，等，2015.市场竞争能倒逼企业善待员工吗？：来自制造业企业的微观证据[J].管理世界（11）：135-144.

朱克朋，等，2019. 中国制造业外移的就业效应研究：基于跨国投入产出模型的分析[J]. 中国人口科学(1):33-46,126-127.

卓贤、黄金，2019. 保持制造业就业稳定是关键[N]. 经济日报.

ACEMOGLU D, et al., 2011. Skills, Tasks and Technologies: Implications for Employment and Earnings[J].Handbook of Labor Economics, 4b (16082): 1043-1171.

ACEMOGLU D, et al., 2018. The Race between Man and Machine: Implications of Technology for Growth, Factor Shares and Employment[J]. American Economic Review, 108(6): 1488-1542.

ANKER R, 2003. Measuring Decent Work with Statistical Indicators[J]. International Labor Review, 142(2): 147-178.

AUTOR D H, et al., 2003. The Skill Content of Recent Technological Change: An Empirical Exploration[J]. Quarterly Journal of Economics, 118(4):1279-1333.

BESCOND D, et al., 2003. Seven Indicators to Measure Decent Work: an International Comparison[J]. International Labor Review, 142 (2): 179-212.

TANGIAN A, 2006. Analysis of the Third European Survey on Working Conditions with Composite Indicators[J]. European Journal of Operational Research, 181(1): 468-499.